Benedikt XVI.
Worte der Hoffnung
und Ermutigung

Benedikt XVI.

Worte der Hoffnung und Ermutigung

Herausgegeben
von Stefan v. Kempis

HERDER

FREIBURG · BASEL · WIEN

Umschlaggestaltung: Finken & Bumiller
Umschlagfoto: © KNA-Bild
Satz: Weiß Freiburg GmbH – Graphik & Buchgestaltung
Herstellung: fgb · freiburger graphische betriebe
www.fgb.de

Gedruckt auf umweltfreundlichem, chlorfrei
gebleichtem Papier
Printed in Germany

ISBN 978-3-451-32313-3

INHALT

EIN WORT VORAB

Papst Benedikt ist ein „homme de lettres", ein Mann des Wortes. Die Theologie hat in ihm einen ihrer brillantesten Denker; auf der anderen Seite ist da zugleich das Gespür für das Ungenügen des Wissens, der Wunsch, über das Sagbare hinauszugehen. Der Mann, der jetzt Papst ist, hat sich schon früh auf die persönliche Suche nach Gott gemacht; diese Suche ist auch jetzt, da er auf dem Stuhl Petri sitzt, nicht zu Ende. Er, der Hirte, Professor, Gottsucher und Glaubenszeuge sein will und ist (und alles gleichzeitig), ficht eindringlich für die Vereinbarkeit scheinbarer Gegensätze, nämlich Vernunft und Glauben: Nur ein vernunftgemäßer Glaube kann tragen, und nur ein tragfähiger Glaube ist vernünftig. Zu seinem Programm hat der Theologenpapst – vielleicht für manchen überraschend – das biblische Wort „Gott ist Liebe" (1 Joh 4,16) gemacht; würden wir „die große Frage der Liebe unbeachtet lassen", mahnt er, dann würden wir „ein Christentum präsentieren, das nicht Fleisch geworden ist" und das die Menschen daher „nicht ernsthaft interessieren kann".[1]

Dieses Büchlein stellt Worte aus den ersten fünf Jahren seines Pontifikats zusammen. Umfassend und repräsentativ kann diese Auswahl nicht sein; ihr Ziel ist es eher, den typischen Tonfall Benedikts hörbar zu machen, seine feinfühlige Art des Denkens und Redens über das, was die Menschen „ernsthaft interessieren" und ihnen Hoffnung und Ermutigung geben kann.

Stefan v. Kempis

[1] Im Lateran, 6.6.2005.

ES IST SCHÖN, CHRIST ZU SEIN

Wer glaubt, ist nie allein

DER GLAUBE IST EINFACH. Wir glauben an Gott – an Gott, den Ursprung und das Ziel menschlichen Lebens. An den Gott, der sich auf uns Menschen einlässt, der unsere Herkunft und unsere Zukunft ist. So ist Glaube immer zugleich Hoffnung, Gewissheit, dass wir Zukunft haben und dass wir nicht ins Leere fallen. Und der Glaube ist Liebe, weil Gottes Liebe uns anstecken möchte. Das ist das Erste: Wir glauben einfach an Gott, und das bringt mit sich auch die Hoffnung und die Liebe. *(In Regensburg, 12.9.2006)*

(ICH MÖCHTE) ZEIGEN, dass es schön ist, ein Christ zu sein, denn es besteht ja weithin die Idee, Christentum sei eine Menge von Geboten und Verboten, Lehrsätzen, die man einhalten muss und dergleichen, und insofern etwas Mühseliges und Belastendes. Man sei freier, wenn man diese Last nicht habe. Ich

möchte demgegenüber deutlich machen: Sozusagen von einer großen Liebe und Erkenntnis getragen zu sein, ist nicht etwa ein Ge-
päck, sondern sind Flügel … *(Interview mit Radio
Vatikan, 12.8.2005)*

DER GLAUBE IST … kein bloß kulturelles Erbe,
sondern ein ständiges Wirken der Gnade
Gottes, der ruft, und der menschlichen Freiheit, die diesen Ruf annehmen kann oder
auch nicht. *(An Bischöfe in Köln, 21.8.2005)*

DAS GLAUBENSBEKENNTNIS ist nicht eine Summe von Sätzen, nicht eine Theorie. Es ist ja
verankert im Geschehen der Taufe – in einem
Ereignis der Begegnung von Gott und
Mensch. Gott beugt sich über uns Menschen
im Geheimnis der Taufe; er geht uns entgegen und führt uns so zueinander. Denn Taufe bedeutet, dass Jesus Christus uns sozusagen als seine Geschwister und damit als
Kinder in die Familie hinein adoptiert. So
macht er uns damit alle zu einer großen Familie in der weltweiten Gemeinschaft der
Kirche. Ja, wer glaubt, ist nie allein. Gott geht

auf uns zu. Gehen auch wir Gott entgegen, dann gehen wir aufeinander zu! *(In Regensburg, 12.9.2006)*

DER GLAUBE kommt nicht vom Lesen, sondern vom Hören. Er ist nicht nur etwas Innerliches, sondern eine Beziehung zu Jemandem. *(Generalaudienz, 10.12.2008)*

ES IST KLAR, dass es in unserer modernen westlichen Gesellschaft viele Bleigewichte gibt, die uns vom Christentum wegdrängen. Der Glaube und Gott scheinen sehr fern zu sein, das Leben selbst voller Möglichkeiten und Aufgaben ... Jedenfalls unter den jungen Menschen breitet sich doch aber auch die Empfindung aus, dass all diese Vergnügungen, die uns angeboten werden, und der ganze Freizeitbetrieb, all das, was man macht und machen kann, kaufen und verkaufen kann, nicht das Ganze sein kann, dass es irgendwie um mehr geht. Und insofern ist – denke ich – doch auch eine große Frage danach da, was denn nun das Eigentliche sei. Das alles, was wir da so haben und kaufen können, kann es nicht sein. *(Interview mit Radio Vatikan, 12.8.2005)*

Die Sache mit dem Menschen
geht nur auf mit Gott

DIE SACHE mit dem Menschen geht nicht auf ohne Gott, und die Sache mit der Welt, dem ganzen Universum, geht nicht auf ohne ihn. Letztlich kommt es auf die Alternative hinaus: Was steht am Anfang: die schöpferische Vernunft, der Schöpfergeist, der alles wirkt und sich entfalten lässt, oder das Unvernünftige, das vernunftlos sonderbarerweise einen mathematisch geordneten Kosmos hervorbringt und auch den Menschen, (und) seine Vernunft. Aber die wäre dann nur ein Zufall der Evolution und im Letzten also doch auch etwas Unvernünftiges. Wir Christen sagen: Ich glaube an Gott, den Schöpfer des Himmels und der Erde – an den Schöpfer Geist. Wir glauben, dass das ewige Wort, die Vernunft, am Anfang steht und nicht die Unvernunft. Mit diesem Glauben brauchen wir uns nicht zu verstecken, mit ihm brauchen wir nicht zu fürchten, uns auf einem Holzweg zu befinden. *(In Regensburg, 12.9.2006)*

DER „MÜNDIGE GLAUBE" ist in den letzten Jahrzehnten zu einem verbreiteten Schlagwort geworden. Aber man versteht häufig darunter eine Haltung, die sich nicht mehr von der Kirche und ihren Hirten belehren lässt, sondern selbst aussucht, was man glauben und nicht glauben will – einen selbstgemachten Glauben also. Und man versteht darunter den „Mut", gegen das kirchliche Lehramt zu sprechen. Aber Mut gehört dazu in Wirklichkeit nicht, weil man dabei immer des öffentlichen Beifalls sicher sein kann. Mut gehört viel eher dazu, zum Glauben der Kirche zu stehen, auch wenn er dem „Schema" dieser Weltzeit widerspricht. *(Predigt in St. Paul vor den Mauern, 28.6.2009)*

GOTT LÄSST UNS nicht im Dunklen tappen. Er hat sich gezeigt als Mensch ... Er liebt uns bis dahin, dass er sich für uns ans Kreuz nageln lässt, um die Leiden der Menschheit zum Herzen Gottes hinaufzutragen. Heute, wo wir die Pathologien und die lebensgefährlichen Erkrankungen der Religion und der Vernunft sehen, die Zerstörungen des Gottes-

13

bildes durch Hass und Fanatismus, ist es wichtig, klar zu sagen, welchem Gott wir glauben, und zu diesem menschlichen Ant- litz Gottes zu stehen. Erst das erlöst uns von der Gottesangst, aus der letztlich der moder- ne Atheismus geboren wurde. Erst dieser Gott erlöst uns von der Weltangst und von der Furcht vor der Leere des eigenen Daseins. Erst durch das Hinschauen auf Jesus Christus wird die Freude an Gott voll … *(In Regensburg, 12.9.2006)*

Wer Hoffnung hat, lebt anders

DIE „ERLÖSUNG", das Heil ist nach christli- chem Glauben nicht einfach da. Erlösung ist uns in der Weise gegeben, dass uns Hoffnung geschenkt wurde, eine verlässliche Hoffnung, von der her wir unsere Gegenwart bewälti- gen können … (Es erscheint) als das Unter- scheidende der Christen, dass sie Zukunft ha- ben: Nicht als ob sie im Einzelnen wüssten, was ihnen bevorsteht; wohl aber wissen sie im Ganzen, dass ihr Leben nicht ins Leere läuft … Das Evangelium ist nicht nur Mitteilung von Wissbarem; es ist Mitteilung, die Tatsachen wirkt und das Leben verändert. Die dunkle Tür der Zeit, der Zukunft, ist aufgesprengt. Wer Hoffnung hat, lebt anders; ihm ist ein neues Leben geschenkt worden. *(Enzyklika Spe salvi, 30.11.2007)*

In Zeiten wie dieser könnte man angesichts des kulturellen und sozialen Umfeldes, in dem wir leben, noch stärker Gefahr laufen, die christliche Hoffnung auf eine Ideologie zu reduzieren, auf einen Gruppenslogan, auf ein äußeres Erscheinungsbild. Nichts widerspricht der Botschaft Jesu mehr als das! Er will nicht, dass seine Jünger einen Part „rezitieren", vielleicht den der Hoffnung. Er will, dass sie Hoffnung „sind"! *(Predigt im Petersdom, 2.4.2009)*

Wir brauchen die kleineren oder größeren Hoffnungen, die uns Tag um Tag auf dem Weg halten. Aber sie reichen nicht aus ohne die große Hoffnung, die alles andere überschreiten muss. Diese große Hoffnung kann nur Gott sein, der das Ganze umfasst und der uns geben und schenken kann, was wir allein nicht vermögen. Gerade das Beschenktwerden gehört zur Hoffnung. Gott ist das Fundament der Hoffnung – nicht irgendein Gott, sondern der Gott, der ein menschliches Angesicht hat ... Sein Reich ist kein imaginäres Jenseits einer nie herbeikommenden Zukunft; sein Reich ist da, wo er geliebt wird und wo seine Liebe bei uns ankommt. Seine Liebe allein gibt uns die Möglichkeit, in aller Nüchternheit immer wieder in einer ihrem Wesen nach unvollkommenen Welt standzuhalten, ohne den Elan der Hoffnung zu verlieren. Und seine Liebe ist uns zugleich Gewähr dafür, dass es das gibt, was wir nur dunkel ahnen und doch im Tiefsten erwarten: das Leben, das „wirklich" Leben ist. *(Enzyklika Spe salvi, 30.11.2007)*

WER Hoffnung hat, muss anders leben! *(In Washington D.C., 17.4.2008)*

HOFFNUNG IM CHRISTLICHEN SINN ist immer auch Hoffnung für die anderen. Und sie ist aktive Hoffnung, in der wir darum ringen, dass die Dinge nicht „das verkehrte Ende" nehmen. Sie ist aktive Hoffnung gerade auch in dem Sinn, dass wir die Welt für Gott offenhalten. Nur so bleibt sie auch wahrhaft menschlich … An das Herz des anderen zu rühren, ist nie zu spät und nie vergebens …

(Enzyklika Spe salvi, 30.11.2007)

Wir haben der Liebe geglaubt

WIR HABEN DER LIEBE geglaubt: So kann der Christ den Grundentscheid seines Lebens ausdrücken. Am Anfang des Christseins steht nicht ein ethischer Entschluss oder eine große Idee, sondern die Begegnung mit einem Ereignis, mit einer Person, die unserem Leben einen neuen Horizont und damit seine entscheidende Richtung gibt … Die Liebe ist … dadurch, dass Gott uns zuerst geliebt hat, nicht mehr nur ein „Gebot", sondern Antwort auf das Geschenk des Geliebtseins, mit dem Gott uns entgegengeht. In einer Welt, in der mit dem Namen Gottes bisweilen die Rache oder gar die Pflicht zu Hass und Gewalt verbunden wird, ist dies eine Botschaft von hoher Aktualität und von ganz praktischer Bedeutung. *(Enzyklika Deus caritas est, 25.12.2005)*

Wenn einer den Nächsten mit reinem und großmütigem Herzen liebt, so heißt dies, dass er wahrhaftig Gott kennt. Wenn jemand hingegen sagt, dass er Glauben hat, seine Brüder jedoch nicht liebt, so ist er kein wahrer Gläubiger. Gott wohnt nicht in ihm. *(Angelus, 13.9.2009)*

(Der Mensch) braucht die unbedingte Liebe ... Wenn es diese unbedingte Liebe gibt mit ihrer unbedingten Gewissheit, dann – erst dann – ist der Mensch „erlöst", was immer ihm auch im Einzelnen zustoßen mag. Das ist gemeint, wenn wir sagen: Jesus Christus hat uns „erlöst". Durch ihn sind wir Gottes gewiss geworden – eines Gottes, der nicht eine ferne „Erstursache" der Welt darstellt, denn sein eingeborener Sohn ist Mensch geworden ... *(Enzyklika Spe salvi, 30.11.2007)*

DIE KRAFT DER LIEBE ist unwiderstehlich: Die Liebe ist es, die wirklich die Welt voranbringt! *(In Pompeji, 19.10.2008)*

DIE AGAPE, die Liebe, ist wirklich die Summe von Gesetz und Propheten. Alles ist in ihr „eingefaltet", muss aber im Alltag immer neu entfaltet werden. *(Im Dom von Regensburg, 12.9.2009)*

Liebe wächst durch Liebe

JA, ES GIBT Vereinigung des Menschen mit Gott – der Urtraum des Menschen –, aber diese Vereinigung ist nicht Verschmelzen, Untergehen im namenlosen Ozean des Göttlichen, sondern ist Einheit, die Liebe schafft, in der beide – Gott und der Mensch – sie selbst bleiben und doch ganz eins werden ...
(Enzyklika Deus caritas est, 25.12.2005)

GEFÜHLE kommen und gehen. Das Gefühl kann eine großartige Initialzündung sein, aber das Ganze der Liebe ist es nicht ... Zur Reife der Liebe gehört es, dass sie alle Kräfte des Menschseins einbezieht, den Menschen sozusagen in seiner Ganzheit integriert. Die Begegnung mit den sichtbaren Erscheinungen der Liebe Gottes kann in uns das Gefühl der Freude wecken, das aus der Erfahrung des Geliebtseins kommt. Aber sie ruft auch unseren Willen und unseren Verstand auf den Plan. Die Erkenntnis des lebendigen Gottes ist Weg zur Liebe, und das Ja unseres Willens zu seinem Willen einigt Verstand, Wille und Gefühl zum ganzheitlichen Akt der Liebe. Dies ist freilich ein Vorgang, der fortwährend unterwegs bleibt: Liebe ist niemals „fertig" und vollendet; sie wandelt sich im Lauf des Lebens, reift und bleibt sich gerade dadurch treu. *Idem velle atque idem nolle* – dasselbe wollen und dasselbe abweisen – das haben die Alten als eigentlichen Inhalt der Liebe definiert: das Einander-ähnlich-Werden, das zur Gemeinsamkeit des Wollens und des Denkens führt. *(Enzyklika Deus caritas est, 25.12.2005)*

NÄCHSTENLIEBE (besteht) darin, dass ich auch den Mitmenschen, den ich zunächst gar nicht mag oder nicht einmal kenne, von Gott her liebe. Das ist nur möglich aus der inneren Begegnung mit Gott heraus, die Willensgemeinschaft geworden ist und bis ins Gefühl hineinreicht. Dann lerne ich, diesen anderen nicht mehr bloß mit meinen Augen und Gefühlen anzusehen, sondern aus der Perspektive Jesu Christi heraus. Sein Freund ist mein Freund ... Hier zeigt sich die notwendige Wechselwirkung zwischen Gottes- und Nächstenliebe ... *(Enzyklika Deus caritas est, 25.12.2005)*

LIEBE WÄCHST durch Liebe. Sie ist „göttlich", weil sie von Gott kommt und uns mit Gott eint, uns in diesem Einungsprozess zu einem Wir macht, das unsere Trennungen überwindet und uns eins werden lässt, so dass am Ende „Gott alles in allem" ist (vgl. 1 Kor 15,28).
(Enzyklika Deus caritas est, 25.12.2005)

GLAUBE UND VERNUNFT
GEHÖREN ZUSAMMEN

Hoffnung braucht Vernunft –
und umgekehrt

DER CHRISTLICHE GLAUBE ist … eine Hoffnung,
die Vernunft hat; eine Hoffnung, deren Vernunft wir angeben können und müssen. Er
kommt aus der ewigen Vernunft, die in unsere Welt herein getreten ist und uns den
wahren Gott gezeigt hat. Er geht über das eigene Vermögen unserer Vernunft hinaus, so
wie Liebe mehr sieht als der bloße Verstand.
Aber er redet zur Vernunft und kann im Dis-
put der Vernunft standhalten. Er widerspricht
ihr nicht, sondern er geht mit ihr Hand in
Hand und führt zugleich über sie hinaus – in
die größere Vernunft Gottes hinein … *(Predigt
im Petersdom, 29.6.2009)*

NIEMALS verlangt Gott … vom Menschen, seine Vernunft zu opfern! Niemals tritt die Vernunft in einen wirklichen Gegensatz zum

Glauben! Der eine Gott – Vater, Sohn und Heiliger Geist – hat unsere Vernunft erschaffen und schenkt uns den Glauben, indem er unserer Vernunft anbietet, diesen als wertvolle Gabe zu empfangen. Der Götzenkult ist es, der den Menschen von dieser Perspektive abbringt, und die Vernunft selbst kann sich Götzen schmieden. *(In Paris, 13.9.2008)*

NICHT VERNUNFTGEMÄSS handeln ist dem Wesen Gottes zuwider ... Den ersten Vers der Genesis, den ersten Vers der Heiligen Schrift überhaupt abwandelnd, hat Johannes den Prolog seines Evangeliums mit dem Wort eröffnet: Im Anfang war der Logos ... Logos ist Vernunft und Wort zugleich – eine Vernunft, die schöpferisch ist und sich mitteilen kann, aber eben als Vernunft. Johannes hat uns damit das abschließende Wort des biblischen Gottesbegriffs geschenkt, in dem alle die oft mühsamen und verschlungenen Wege des biblischen Glaubens an ihr Ziel kommen und ihre Synthese finden. Im Anfang war der Logos, und der Logos ist Gott, so sagt uns der Evangelist. Das Zusammentreffen der biblischen Botschaft und des griechischen Denkens war kein Zufall. *(Rede an der Uni Regensburg, 12.9.2006)*

DAS SUBJEKT entscheidet mit seinen Erfahrungen, was ihm religiös tragbar erscheint, und das subjektive „Gewissen" wird zur letztlich einzigen ethischen Instanz. So aber verlieren Ethos und Religion ihre gemeinschaftsbildende Kraft und verfallen der Beliebigkeit. Dieser Zustand ist für die Menschheit gefährlich: Wir sehen es an den uns bedrohenden Pathologien der Religion und der Vernunft, die notwendig ausbrechen müssen, wo die Vernunft so verengt wird, dass ihr die Fragen der Religion und des Ethos nicht mehr zugehören. Was an ethischen Versuchen von den Regeln der Evolution oder von Psychologie und Soziologie her bleibt, reicht einfach nicht aus. *(Rede an der Uni Regensburg, 12.9.2006)*

Wie Vernunft zur Entfaltung kommt

BEI ALLER FREUDE über die neuen Möglichkeiten des Menschen sehen wir auch die Bedrohungen, die aus diesen Möglichkeiten aufsteigen, und müssen uns fragen, wie wir ihrer Herr werden können. Wir können es nur, wenn Vernunft und Glaube auf neue Weise zueinanderfinden; wenn wir die selbstverfügte Beschränkung der Vernunft auf das im Experiment Falsifizierbare überwinden und der Vernunft ihre ganze Weite wieder eröffnen. In diesem Sinn gehört Theologie nicht nur als historische und humanwissenschaftliche Disziplin, sondern als eigentliche Theologie, als Frage nach der Vernunft des Glaubens an die Universität und in ihren weiten Dialog der Wissenschaften hinein. Nur so werden wir auch zum wirklichen Dialog der Kulturen und Religionen fähig, dessen wir so dringend bedürfen. *(Rede an der Uni Regensburg, 12.9.2006)*

DIE VERNUNFT bedarf stets der Reinigung durch den Glauben, und dies gilt auch für die politische Vernunft, die sich nicht für allmächtig halten darf. Die Religion bedarf ihrerseits stets der Reinigung durch die Vernunft, um ihr echtes menschliches Antlitz zu zeigen. Der Abbruch dieses Dialogs ist mit einem schwer lastenden Preis für die Entwicklung der Menschheit verbunden. *(Enzyklika Caritas in veritate, 29.6.2009)*

JA, Vernunft ist die große Gottesgabe an den Menschen, und der Sieg der Vernunft über die Unvernunft ist auch ein Ziel des christlichen Glaubens. Aber wann herrscht die Vernunft wirklich? Wenn sie sich von Gott gelöst hat? Wenn sie für Gott blind geworden ist? Ist die Vernunft des Könnens und des Machens schon die ganze Vernunft? *(Enzyklika Spe salvi, 30.11.2007)*

DIE VÖLKER AFRIKAS und Asiens bewundern zwar die technischen Leistungen des Westens und unsere Wissenschaft, aber sie erschrecken vor einer Art von Vernünftigkeit, die Gott total aus dem Blickfeld des Menschen ausgrenzt und dies für die höchste Art von Vernunft ansieht, die man auch ihren Kulturen beibringen will. Nicht im christlichen Glauben sehen sie die eigentliche Bedrohung ihrer Identität, sondern in der Verachtung Gottes und in dem Zynismus, der die Verspottung des Heiligen als Freiheitsrecht ansieht und Nutzen für zukünftige Erfolge der Forschung zum letzten Maßstab erhebt. … Dieser Zynismus ist nicht die Art von Toleranz und von kultureller Offenheit, auf die die Völker warten und die wir alle wünschen. Die Toleranz, die wir dringend brauchen, schließt die Ehrfurcht vor Gott ein – die Ehrfurcht vor dem, was dem anderen heilig ist. Diese Ehrfurcht vor dem Heiligen der anderen setzt aber wiederum voraus, dass wir selbst die Ehrfurcht vor Gott wieder lernen.

(In München, 10.9.2006)

Gott gibt Orientierung

ERKENNEN IST NICHT ein nur materieller Akt, weil das Erkannte immer etwas verbirgt, was über die empirische Gegebenheit hinausgeht. Jede Erkenntnis, auch die einfachste, ist immer ein kleines Wunder, weil sie sich mit den materiellen Mitteln, die wir anwenden, nie vollständig erklären lässt. In jeder Wahrheit steckt mehr, als wir selbst es uns erwartet hätten, in der Liebe, die wir empfangen, ist immer etwas für uns Überraschendes. Wir sollten niemals aufhören, angesichts dieser Wunder zu staunen. *(Enzyklika Caritas in veritate, 29.6.2009)*

OHNE GOTT weiß der Mensch nicht, wohin er gehen soll, und vermag nicht einmal zu begreifen, wer er ist. *(Enzyklika Caritas in veritate, 29.6.2009)*

NUR IM GLAUBEN kann die Wahrheit Mensch werden und die Vernunft wahrhaft menschlich … (Es ist) wichtig, daran zu erinnern, dass die Wahrheiten des Glaubens und der Vernunft einander niemals widersprechen. Die Sendung der Kirche zieht diese nämlich hinein in das Ringen der Menschheit, um zur Wahrheit zu gelangen. Indem sie die offenbarte Wahrheit verkündet, dient sie allen Mitgliedern der Gesellschaft dadurch, dass sie die Vernunft reinigt und sicherstellt, dass sie offen bleibt für die Erwägung der letzten Wahrheiten. Indem sie aus der göttlichen Weisheit schöpft, wirft sie Licht auf die Grundlage der menschlichen Moral und Ethik und erinnert alle gesellschaftlichen Gruppen daran, dass nicht das praktische Tun die Wahrheit schafft, sondern die Wahrheit als Grundlage des praktischen Tuns dienen sollte. Weit davon entfernt, die Toleranz für rechtmäßige Verschiedenheit untergraben zu wollen, erleuchtet ein solcher Beitrag die wirkliche Wahrheit, die den Konsens erreichbar macht ... *(In Washington D.C., 17.4.2008)*

Neu sensibel werden für Gott

DIE VERFÜGBARKEIT gegenüber Gott öffnet uns zur Verfügbarkeit gegenüber den Brüdern und gegenüber einem Leben, das als solidarische und frohe Aufgabe verstanden wird. Umgekehrt stellen die ideologische Verschlossenheit gegenüber Gott und der Atheismus der Gleichgültigkeit, die den

Schöpfer vergessen und Gefahr laufen, auch die menschlichen Werte zu vergessen, heute die größten Hindernisse für die Entwicklung dar. Der Humanismus, der Gott ausschließt, ist ein unmenschlicher Humanismus. Nur ein für das Absolute offener Humanismus kann uns bei der Förderung und Verwirklichung von sozialen und zivilen Lebensformen – im Bereich der Strukturen, der Einrichtungen, der Kultur, des Ethos – leiten, indem er uns vor der Gefahr bewahrt, zu Gefangenen von Moden des Augenblicks zu werden. *(Enzyklika Caritas in veritate, 29.6.2009)*

Es gibt eine Schwerhörigkeit Gott gegenüber, an der wir gerade in dieser Zeit leiden. Wir können ihn einfach nicht mehr hören – zu viele andere Frequenzen haben wir im Ohr. Was über ihn gesagt wird, erscheint vorwissenschaftlich, nicht mehr in unsere Zeit hereinpassend. Mit der Schwerhörigkeit oder gar Taubheit Gott gegenüber verliert sich natürlich auch unsere Fähigkeit, mit ihm und zu ihm zu sprechen. Auf diese Weise aber fehlt uns eine entscheidende Wahrnehmung. Unsere inneren Sinne drohen abzusterben. Mit diesem Verlust an Wahrnehmung wird der Radius unserer Beziehung zur Wirklichkeit überhaupt drastisch und gefährlich eingeschränkt. Der Raum unseres Lebens wird in bedrohlicher Weise reduziert ... *(In München, 10.9.2006)*

ABGETRENNT von der grundlegenden menschlichen Ausrichtung auf die Wahrheit, beginnt die Vernunft ... die Richtung zu verlieren: Sie verkümmert entweder unter dem Schein der Bescheidenheit, wenn sie sich mit dem bloß Unvollständigen und Vorläufigen begnügt, oder unter dem Schein der Gewissheit, wenn sie glaubt, vor den Anforderungen jener kapitulieren zu müssen, die fast alles unterschiedslos als gleichwertig ansehen. Der daraus folgende Relativismus stellt ein dichtes Gestrüpp dar, hinter dem neue Bedrohungen für die Autonomie der akademischen Einrichtungen lauern können. Die Zeit der Eingriffe von Seiten des politischen Totalitarismus mag vorbei sein, doch ist es nicht weiterhin so, dass auf der ganzen Welt der Vernunftgebrauch und die akademische Forschung oft auf subtile und weniger subtile Weise dazu gezwungen werden, sich dem Druck ideologischer Interessengruppen und der Verlockung kurzzeitiger utilitaristischer und pragmatischer Ziele zu beugen? Was wird passieren, wenn unsere Kultur nur auf Modethemen mit geringem Bezug zu einer echten historischen intellektuellen Tradition beziehungsweise auf den am lautesten beworbenen oder am besten finanzierten Ansichten gründet? Was wird passieren, wenn sie sich in ihrer Angst, einen radikalen Säkularismus zu bewahren, von ihren lebenspendenden Wurzeln abschneidet? Unsere Gesellschaften werden nicht vernünftiger, toleranter oder flexibler werden, sondern brüchiger … *(An Akademiker in Prag, 27.9.2009)*

Die Suche nach Wegen aus der Wüste

HEUTE GIBT ES in großen Teilen der Welt eine merkwürdige Gottvergessenheit. Es scheint auch ohne ihn zu gehen. Aber zugleich gibt es auch ein Gefühl der Frustration, der Unzufriedenheit an allem und mit allem: Das kann doch nicht das Leben sein! In der Tat nicht. Und so gibt es zugleich mit der Gottvergessenheit auch so etwas wie einen Boom des Religiösen. Ich will nicht alles schlechtmachen, was da vorkommt. Es kann auch ehrliche Freude des Gefundenhabens dabei sein. Aber – um die Wahrheit zu sagen – weithin wird doch Religion geradezu zum Marktprodukt. Man sucht sich heraus, was einem gefällt, und manche wissen, Gewinn daraus zu ziehen. Aber die selbstgesuchte Religion hilft uns im Letzten nicht weiter. Sie ist bequem, aber in der Stunde der Krise lässt sie uns allein. *(In Köln, 21.8.2005)*

DEN HIRTEN muss die heilige Unruhe Christi beseelen, dem es nicht gleichgültig ist, dass so viele Menschen in der Wüste leben. Und es gibt vielerlei Arten von Wüsten. Es gibt die Wüste der Armut, die Wüste des Hungers und des Durstes. Es gibt die Wüste der Verlassenheit, der Einsamkeit, der zerstörten Liebe. Es gibt die Wüste des Gottesdunkels, der

Entleerung der Seelen, die nicht mehr um die Würde und um den Weg des Menschen wissen. Die äußeren Wüsten wachsen in der Welt, weil die inneren Wüsten so groß geworden sind. *(Bei der Amtseinführung, 24.4.2005)*

WIE VIELE unserer Zeitgenossen haben in ihrer verzweifelten Suche nach Sinn – nach dem letzten Sinn, den nur die Liebe schenken kann – rissige und leere Zisternen gegraben (vgl. Jer 2,13). Darin liegt die große und befreiende Gabe des Evangeliums: Es offenbart unsere Würde als Männer und Frauen, die als Abbild Gottes und ihm ähnlich geschaffen wurden. *(In Sydney, 20.7.2008)*

ALLZU OFT sehen wir uns ... in eine Welt hineingestellt, die Gott „beiseiteschieben" möchte ... Auch wir können versucht sein, das Glaubensleben zu einer reinen Gefühlssache zu machen und so seine Kraft zu verringern, eine konsequente Weltsicht und einen rigorosen Dialog mit den vielen anderen Ansichten zu inspirieren, die um den Geist und das Herz unserer Zeitgenossen wetteifern. Doch die Geschichte, einschließlich die unserer Zeit, zeigt, dass die Frage nach Gott niemals totgeschwiegen werden kann und dass Gleichgültigkeit gegenüber der religiösen Dimension der menschlichen Existenz letztlich den Menschen selbst herabwürdigt und betrügt. *(In Sydney, 19.7.2008)*

Unser Leben zu Gott hintragen

WER SEIN LEBEN für sich haben möchte, nur sich selber leben, alles an sich ziehen und ausschöpfen, was es gibt – gerade der verliert das Leben. Es wird öde und leer. Nur im Loslassen seiner selbst, nur in der Freigabe des Ich für das Du, nur im Ja zum größeren Leben Gottes wird auch unser Leben weit und groß ... Es ist wohl verhältnismäßig leicht, dies als große Grundvision des Lebens zu bejahen. Aber es geht in der Wirklichkeit gerade darum, dass wir nicht ein Prinzip anerkennen, sondern dass wir seine Wahrheit, die Wahrheit von Kreuz und Auferstehung leben. Dazu wiederum reicht nicht ein einmaliger

großer Entscheid ... das große Ja des ent-
scheidenden Augenblicks in unserem Leben
– das Ja zu der Wahrheit, die der Herr vor uns
hinstellt – muss dann auch täglich neu einge-
holt werden in den Situationen des Alltags ...
(Predigt auf dem Petersplatz, 5.4.2009)

GEGLÜCKTES LEBEN ohne Opfer gibt es nicht.
Wenn ich auf mein eigenes Leben zurück-
schaue, dann muss ich sagen, dass gerade die
Augenblicke, in denen ich Ja gesagt habe zu
einem Verzicht, die großen und wichtigen
Augenblicke meines Lebens waren. *(Predigt auf
dem Petersplatz, 5.4.2009)*

NICHT UNSEREN WILLEN und unsere Wünsche
– so wichtig, so einsichtig sie uns auch sein
mögen – Gott gegenüber durchsetzen wollen, sondern sie zu ihm hintragen und ihm
überlassen, was er tun wird. *(In Altötting, 11.9.2006)*

DER HIMMEL IST NICHT LEER

Nicht irgendein Gott, sondern der mit dem menschlichen Antlitz

DAS ERSTE und wesentliche Gut, dessen der Mensch bedarf, ist die Nähe Gottes selbst. Das Reich Gottes ... ist nicht etwas *neben* Gott, irgendein Zustand der Welt – es ist ganz einfach die Anwesenheit Gottes selbst, die die wahrhaft heilende Kraft ist. *(Predigt im Petersdom, 12.9.2009)*

GOTT IST DIE GRUNDLEGENDE Wirklichkeit, nicht ein nur gedachter oder hypothetischer Gott, sondern der Gott mit dem menschlichen Antlitz; er ist der Gott-mit-uns, der Gott der Liebe bis zum Kreuz. *(In Aparecida/Brasilien, 13.5.2007)*

SICH GANZ GOTT überlassen bedeutet den Weg der wahren Freiheit finden. Denn wenn er sich zu Gott wendet, wird der Mensch er selbst. Er findet seine ursprüngliche Berufung als Person wieder, die nach dem Bild Gottes und ihm ähnlich geschaffen ist. *(In Lourdes, 14.9.2008)*

GUT IM VOLLSINN des Wortes ist nur Gott. Er ist das Gute, der Gute schlechthin, die Güte selbst. Gutsein beruht daher bei einem Geschöpf, beim Menschen notwendig auf einer tiefen inneren Zugewandtheit zu Gott. Güte wächst durch inneres Einswerden mit dem lebendigen Gott. *(Predigt im Petersdom, 12.9.2009)*

DIE MACHT GOTTES ist anders als die Macht der Mächtigen der Welt. Die Art, wie Gott wirkt, ist anders, als wir es uns ausdenken und ihm gerne vorschreiben möchten. Gott tritt in dieser Welt nicht in Konkurrenz zu den weltlichen Formen der Macht … Er stellt der lauten, auftrumpfenden Macht dieser Welt die wehrlose Macht der Liebe gegenüber, die am Kreuz – und dann in der Geschichte immer wieder – unterliegt und doch das Neue, das Göttliche ist, das nun dem Unrecht entgegentritt und Gottes Reich heraufführt. Gott ist anders … *(In Köln, 20.8.2005)*

VON GOTT reden viele; im Namen Gottes wird auch Hass gepredigt und Gewalt ausgeübt. Deswegen kommt es darauf an, das wahre Antlitz Gottes zu finden ... In Jesus Christus, der sich für uns das Herz hat durchbohren lassen, ist uns das wahre Gesicht Gottes erschienen. Ihm folgen wir mit der großen Schar derer, die uns da vorangegangen sind ... Das bedeutet, dass wir uns nicht einen privaten Gott und nicht einen privaten Jesus zurechtmachen, sondern dem Jesus glauben, vor dem Jesus uns beugen, den uns die Heiligen Schriften zeigen und der sich in der großen Prozession der Gläubigen, die wir Kirche nennen, als lebendig, als immer gleichzeitig mit uns und zugleich immer uns voraus zeigt. *(In Köln, 20.8.2005)*

DIE FRAGE STALINS: „Wie viele Divisionen hat der Papst?" kennzeichnet immer noch die durchschnittliche Vorstellung von Macht. Macht hat derjenige, der gefährlich werden kann, der bedrohen und zerstören kann, der viele Dinge der Welt in der Hand hat. Aber die Offenbarung sagt uns: „So ist es nicht";

die wahre Macht ist die Macht der Gnade, der Barmherzigkeit … Das ist der äußerste Höhepunkt seiner Macht, dass er fähig ist, mit uns zu leiden. *(In Aosta, 24.7.2009)*

GOTT SCHEITERT NICHT. Er „scheitert" ständig, aber gerade darum scheitert er nicht, denn er macht daraus neue Möglichkeiten größeren Erbarmens, und seine Phantasie ist unerschöpflich. Er scheitert nicht, weil er immer neue Weisen findet, zu den Menschen zu gehen und sein großes Haus weiter zu öffnen, dass es ganz voll werde. *(Predigt, 7.11.2006)*

Unser Schrei zu Gott – ein Schrei in unser eigenes Herz hinein

„WACH AUF, warum schläfst du, Herr? Erwache, verstoße uns nicht für immer! Warum verbirgst du dein Gesicht, vergisst unsere Not und Bedrängnis? Unsere Seele ist in den Staub hinabgebeugt, unser Leib liegt am Boden. Steh auf – hilf uns! In deiner Huld erlöse uns!" (Ps 44,20.23–27). Dieser Notschrei des leidenden

Israel an Gott in Zeiten der äußersten Bedrängnis ist zugleich der Notruf all derer in der Geschichte – gestern, heute und morgen –, die um Gottes willen, um der Wahrheit und des Guten willen leiden, und das sind viele, auch heute. *(In Auschwitz, 28.5.2006)*

MAN KANN einen Mitmenschen seines Besitzes, seiner Chancen oder seiner Freiheit berauben. Man kann ein heimtückisches Netz von Lügen spinnen, um andere zu überzeugen, dass gewisse Gruppen keine Achtung verdienen. Doch so sehr sich einer auch bemüht, man kann niemals den Namen eines Mitmenschen wegnehmen. *(In Yad Vashem, 11.5.2009)*

WIR KÖNNEN in Gottes Geheimnis nicht hineinblicken – wir sehen nur Fragmente und vergreifen uns, wenn wir uns zum Richter über Gott und die Geschichte machen wollen. Dann würden wir nicht den Menschen verteidigen, sondern zu seiner Zerstörung beitragen. Nein – im Letzten müssen wir bei dem demütigen, aber eindringlichen Schrei zu Gott bleiben: Wach auf! Vergiss dein Geschöpf Mensch nicht! Und unser Schrei an Gott muss zugleich ein Schrei in unser eigenes Herz hinein sein, dass in uns die verborgene Gegenwart Gottes aufwache – dass seine Macht, die er in unseren Herzen hinterlegt hat, nicht in uns vom Schlamm der Eigensucht, der Menschenfurcht und der Gleichgültigkeit, des Opportunismus verdeckt und niedergehalten werde ... *(In Auschwitz, 28.5.2006)*

DIE MACHTHABER des Dritten Reiches wollten das jüdische Volk als Ganzes zertreten, es von der Landkarte der Menschheit tilgen ... Im Tiefsten wollten jene Gewalttäter mit dem Austilgen dieses Volkes den Gott töten, der Abraham berufen, der am Sinai gesprochen und dort die bleibend gültigen Maße des Menschseins aufgerichtet hat. Wenn dieses Volk einfach durch sein Dasein Zeugnis von dem Gott ist, der zum Menschen gesprochen hat und ihn in Verantwortung nimmt, so sollte dieser Gott endlich tot sein und die Herrschaft nur noch dem Menschen gehören – ihnen selber, die sich für die Starken hielten, die es verstanden hatten, die Welt an sich zu reißen. Mit dem Zerstören Israels, mit der Schoah, sollte im Letzten auch die Wurzel ausgerissen werden, auf der der christliche Glaube beruht und endgültig durch den neuen, selbstgemachten Glauben an die Herrschaft des Menschen, des Starken, ersetzt werden. *(In Auschwitz, 28.5.2006)*

(LASST UNS) ÜBER die tiefen Gegensätze nachdenken, die zwischen dem atheistischen Humanismus und dem christlichen Humanismus bestehen ... Zum einen gibt es Philosophien und Ideologien, aber auch immer mehr Denkweisen und Handlungsmodelle, welche die Freiheit als einziges Prinzip des Menschen feiern, als Alternative zu Gott; und auf diese Weise machen sie den Menschen zum Gott, der die Willkür zum System seines Verhaltens erhebt. Zum anderen gibt es die Heiligen, die dadurch, dass sie das Evangelium der Liebe leben, Rechenschaft für ihre Hoffnung ablegen; sie zeigen das wahre Antlitz Gottes, der die Liebe und zugleich das echte Antlitz des Menschen ist, der nach dem Bild und Gleichnis Gottes geschaffen ist. *(Angelus, 9.8.2009)*

Jeder von uns ist Frucht eines
Gedankens Gottes

ERST WO GOTT gesehen wird, beginnt das Leben richtig. Erst wo wir dem lebendigen Gott in Christus begegnen, lernen wir, was Leben ist. Wir sind nicht das zufällige und sinnlose Produkt der Evolution. Jeder von uns ist Frucht eines Gedankens Gottes. Jeder ist gewollt, jeder ist geliebt, jeder ist gebraucht. Es gibt nichts Schöneres, als vom Evangelium, von Christus gefunden zu werden. Es gibt nichts Schöneres, als ihn zu kennen und anderen die Freundschaft mit ihm zu schenken.

(Bei der Amtseinführung, 24.4.2005)

DER GOTT, dem wir glauben, ist ein Gott der Vernunft – einer Vernunft, die freilich nicht neutrale Mathematik des Alls, sondern eins mit der Liebe, mit dem Guten ist. Wir bitten Gott, und wir rufen zu den Menschen, dass diese Vernunft, die Vernunft der Liebe, der Einsicht in die Kraft der Versöhnung und des Friedens die Oberhand gewinne inmitten der uns umgebenden Drohungen der Unvernunft oder einer falschen, von Gott gelösten Vernunft. *(In Auschwitz, 28.5.2006)*

NICHT DIE ELEMENTE des Kosmos, die Gesetze der Materie, herrschen letztlich über die Welt und über den Menschen, sondern ein persönlicher Gott herrscht über die Sterne, das heißt über das All; nicht die Gesetze der Materie und der Evolution sind die letzte Instanz, sondern Verstand, Wille, Liebe – eine Person. Und wenn wir diese Person kennen, sie uns kennt, dann ist wirklich die unerbittliche Macht der materiellen Ordnungen nicht mehr das Letzte; dann sind wir nicht Sklaven des Alls und seiner Gesetze, dann sind wir frei … Der Himmel ist nicht leer. Das Leben ist nicht bloßes Produkt der Gesetze und des Zufalls der Materie, sondern in allem und zugleich über allem steht ein persönlicher Wille, steht Geist … *(Enzyklika Spe salvi, 30.11.2007)*

DER GLAUBE IST NICHT nur ein persönliches Ausgreifen nach Kommendem, noch ganz und gar Ausständigem; er gibt uns etwas. Er gibt uns schon jetzt etwas von der erwarteten Wirklichkeit, und diese gegenwärtige Wirklichkeit ist es, die uns ein „Beweis" für das noch nicht zu Sehende wird. Er zieht Zukunft in Gegenwart herein, so dass sie nicht mehr das reine Noch-nicht ist. Dass es diese Zukunft gibt, ändert die Gegenwart; die Gegenwart wird vom Zukünftigen berührt, und so überschreitet sich Kommendes in Jetziges und Jetziges in Kommendes hinein. *(Enzyklika Spe salvi, 30.11.2007)*

Christus zeigt uns, wer der Mensch wirklich ist

GOTT hat sich in Christus gezeigt. Er hat uns schon die „Substanz" des Kommenden mitgeteilt, und so erhält das Warten auf Gott eine neue Gewissheit. Es ist Warten auf Kommendes von einer schon geschenkten Gegenwart her. Es ist Warten in der Gegenwart Christi … auf sein endgültiges Kommen hin. *(Enzyklika Spe salvi, 30.11.2007)*

(CHRISTUS) SAGT UNS, wer der Mensch wirklich ist und was er tun muss, um wahrhaft ein Mensch zu sein. Er zeigt uns den Weg, und dieser Weg ist die Wahrheit. Er selbst ist beides und daher auch das Leben, nach dem wir alle Ausschau halten. Er zeigt auch den Weg über den Tod hinaus; erst wer das kann, ist ein wirklicher Meister des Lebens. *(Enzyklika Spe salvi, 30.11.2007)*

DAS EIGENTLICH NEUE des Neuen Testaments sind nicht neue Ideen, sondern die Gestalt Christi selber, der den Gedanken Fleisch und Blut, einen unerhörten Realismus gibt. Schon im Alten Testament besteht das biblisch Neue nicht einfach in Gedanken, sondern in dem unerwarteten und in gewisser Hinsicht unerhörten Handeln Gottes. Dieses Handeln Gottes nimmt seine dramatische Form nun darin an, dass Gott in Jesus Christus selbst dem „verlorenen Schaf", der leidenden und verlorenen Menschheit, nachgeht. Wenn Jesus in seinen Gleichnissen von dem Hirten spricht, der dem verlorenen Schaf nachgeht, von der Frau, die die Drachme sucht, von dem Vater, der auf den verlorenen Sohn zugeht und ihn umarmt, dann sind dies alles nicht nur Worte, sondern Auslegungen seines eigenen Seins und Tuns. *(Enzyklika Deus caritas est, 25.12.2005)*

Der Mensch findet Raum in Gott

GOTT HAT SICH SELBST ein „Bild" gegeben: im menschgewordenen Christus. In ihm, dem Gekreuzigten, ist die Verneinung falscher Gottesbilder bis zum Äußersten gesteigert. Nun zeigt Gott gerade in der Gestalt des Leidenden, der die Gottverlassenheit des Menschen mitträgt, sein eigenes Gesicht. Dieser unschuldig Leidende ist zur Hoffnungsgewissheit geworden: Gott gibt es, und Gott weiß, Gerechtigkeit zu schaffen auf eine Weise, die wir nicht erdenken können und die wir doch im Glauben ahnen dürfen. Ja, es gibt die Auferstehung des Fleisches. Es gibt Gerechtigkeit. Es gibt den „Widerruf" des vergangenen Leidens, die Gutmachung, die das Recht herstellt. *(Enzyklika Spe salvi, 30.11.2007)*

DIE HIMMELFAHRT CHRISTI ist keine Weltraum-
fahrt zu den fernsten Gestirnen … Die Himmelfahrt Christi bedeutet, dass er nicht mehr
der Welt der Vergänglichkeit und des Todes
angehört, die unser Leben bedingt. Sie bedeutet, dass er vollkommen Gott gehört. Er – der
ewige Sohn – hat unser Menschsein vor das
Angesicht Gottes getragen … Der Mensch
findet Raum in Gott; durch Christus wurde
das menschliche Sein in das innerste Leben
Gottes selbst hineingenommen. Und da Gott
den ganzen Kosmos umfasst und trägt, bedeutet die Himmelfahrt des Herrn, dass sich
Christus nicht von uns entfernt hat, sondern
dass er jetzt, weil er beim Vater ist, jedem
von uns für immer nahe ist. Jeder von uns
darf zu ihm „Du" sagen; jeder kann ihn anrufen. Der Herr befindet sich immer in Hörwei-
te. *(Im Lateran, 7.5.2005)*

DAS GEHEIMNIS CHRISTI hat kosmische Weite:
Er gehört nicht bloß einer bestimmten Grup-
pe. Der gekreuzigte Christus umfasst das
ganze Weltall in all seinen Dimensionen. Er
nimmt die Welt in die Hände und trägt sie zu

Gott hinauf … Die Liebe Christi hat im Kreuz die unterste Tiefe, die Nacht des Todes, und die äußerste Höhe, die Höhe Gottes selbst, umfangen. Und er hat die Breite und Weite der Menschheit und der Welt in all ihren Entfernungen mit seinen Armen umgriffen. *(In St. Paul vor den Mauern, 28.6.2009)*

WIR STEHEN VOR ETWAS, das aus menschlicher Sicht absurd erscheinen könnte: Ein Gott, der nicht nur Mensch wird mit allen Bedürfnissen des Menschen, der nicht nur leidet, um den Menschen zu retten, indem er die ganze Tragödie der Menschheit auf sich nimmt, sondern der für den Menschen stirbt. Der Tod Christi erinnert uns an die Anhäufung von Schmerz und Übeln, die auf der Menschheit aller Zeiten lastet: das erdrückende Gewicht unseres Sterbens, den Hass und die Gewalt, die noch heute die Erde mit Blut beflecken. Das Leiden des Herrn setzt sich im Leiden der Menschen fort. *(Generalaudienz, 8.4.2009)*

DIE KIRCHE:
TREUE UND DYNAMIK

Unsere Methode:
Heiliger Geist und wir

DER GEIST begleitet die Kirche auf dem langen Weg, der zwischen dem ersten und dem zweiten Kommen Christi liegt ... Zeit der Kirche, Zeit des Geistes: Er ist der Meister, der die Jünger formt ... *(In Aparecida/Brasilien, 13.5.2007)*

DIE HÄUPTER DER KIRCHE diskutieren und argumentieren (auf dem Apostelkonzil von Jerusalem), und dies geschieht immer in der Haltung des gottesfürchtigen Hörens auf das Wort Christi im Heiligen Geist. Deshalb können sie am Ende sagen: „Der Heilige Geist und wir haben beschlossen ... " (Apg 15,28). Das ist die „Methode", mit der wir in der Kirche arbeiten ... Das ist nicht nur eine Verfahrensfrage; es ist das Spiegelbild der Natur der Kirche selbst, Geheimnis der Gemeinschaft mit Christus im Heiligen Geist ... „Der Heilige Geist und wir." Das ist die Kirche ... *(In Aparecida/Brasilien, 13.5.2007)*

JESUS hat seinen Jüngern alles gesagt, da er selbst das lebendige Wort Gottes ist, und Gott kann nicht mehr geben als sich selbst. In Jesus hat Gott sich uns selbst ganz geschenkt, das heißt, er hat uns alles geschenkt ... Aber unsere Auffassungsgabe ist begrenzt; daher besteht die Sendung des Geistes darin, die Kirche immer wieder neu, von Generation zu Generation, in die Größe des Geheimnisses Christi einzuführen. Der Geist stellt nicht etwas anderes oder Neues neben Christus ... Er führt uns nicht zu anderen Orten, die weit weg von Christus sind, sondern er führt uns immer tiefer in das Licht Christi. Deshalb ist die christliche Offenbarung immer alt und neu zugleich. Deshalb ist uns alles seit jeher geschenkt. Gleichzeitig lernt jede Generation in der unerschöpflichen Begegnung mit dem Herrn – einer vom Heiligen Geist vermittelten Begegnung – immer etwas Neues. *(Im Lateran, 7.5.2005)*

DIE KIRCHE betreibt keinen Proselytismus. Sie entwickelt sich vielmehr durch „Anziehung": Wie Christus mit der Kraft seiner Liebe, die im Opfer am Kreuz gipfelt, „alle an sich zieht", so erfüllt die Kirche ihre Sendung in dem Maß, in dem sie, mit Christus vereint, jedes Werk in geistlicher und konkreter Übereinstimmung mit der Liebe ihres Herrn erfüllt. *(In Aparecida/Brasilien, 13.5.2007)*

ES WAR PETRUS, der als erster im Namen der Apostel das Glaubensbekenntnis ausgesprochen hat: „Du bist der Messias, der Sohn des lebendigen Gottes" (Mt 16,16). Das ist die Aufgabe aller Nachfolger des Petrus: Führer zu sein im Bekenntnis des Glaubens an Christus, den Sohn des lebendigen Gottes. Die Kathedra von Rom ist vor allem Kathedra dieses Glaubensbekenntnisses ... *(Im Lateran, 7.5.2005)*

Von Babel zu Pfingsten
übergehen

DAS NEUE VOLK GOTTES, die Kirche, ist ein Volk, das aus allen Völkern kommt. Die Kirche ist von Anfang an katholisch; das ist ihr tiefstes Wesen ... Die Kirche muss immer wieder neu zu dem werden, was sie schon ist: Sie muss die Grenzen zwischen den Völkern öffnen und die Barrieren zwischen Klassen und Rassen niederreißen. In ihr darf es keinen geben, der vergessen oder verachtet wird. In der Kirche gibt es nur freie Brüder und Schwestern Jesu Christi. Wind und Feuer des Heiligen Geistes müssen unaufhörlich jene Grenzen öffnen, die wir immer wieder zwischen uns aufrichten; wir müssen immer wieder von Babel, vom Verschlossensein in uns selbst, zu Pfingsten übergehen. *(An Pfingsten im Petersdom, 15.5.2005)*

IN DER KIRCHE gehören die Heilige Schrift, deren Verständnis unter der Eingebung des Heiligen Geistes wächst, und der den Aposteln aufgetragene Dienst der authentischen Auslegung unlösbar zusammen. Wo die Heilige Schrift von der lebendigen Stimme der Kirche losgelöst ist, wird sie zum Diskussionsthema der Experten. Sicher, alles, was sie uns zu sagen haben, ist wichtig und wertvoll … Aber die Wissenschaft allein kann uns keine endgültige und verbindliche Interpretation liefern; sie ist nicht in der Lage, uns in ihrer Interpretation jene Gewissheit zu geben, mit der wir leben können und für die wir auch sterben können. Dafür braucht es ein größeres Mandat, das nicht allein aus menschlichen Fähigkeiten entstehen kann. Dazu braucht es die Stimme der lebendigen Kirche, jener Kirche, die bis ans Ende der Zeiten dem Petrus und dem Apostelkollegium anvertraut wurde. Diese Lehrvollmacht erschreckt viele Menschen innerhalb und außerhalb der Kirche. Sie fragen sich, ob sie nicht die Gewissensfreiheit bedrohe, ob sie nicht eine Anmaßung darstelle, die im Gegensatz zur Meinungsfreiheit steht. Dem ist aber nicht so. Die von Christus dem Petrus und seinen Nachfolgern übertragene Macht ist, absolut verstanden, ein Auftrag zum Dienen. Die

Lehrvollmacht in der Kirche schließt eine Verpflichtung zum Dienst am Glaubensgehorsam ein. *(Im Lateran, 7.5.2005)*

(DAS) WERK CHRISTI ist immer ein stilles Werk, es ist nicht spektakulär; gerade in der Demut des Kirche-Seins, des täglichen Lebens gemäß dem Evangelium, wächst der große Baum des wahren Lebens. Gerade mit diesen demütigen Anfängen ermutigt uns der Herr, damit wir auch in der Einfachheit der Kirche von heute, in der Armut unseres christlichen Lebens seine Gegenwart sehen … *(In Brindisi, 15.6.2008)*

DIE KIRCHE ist katholisch, das heißt universal, offen für alle Kulturen, für alle Kontinente; sie ist in allen politischen Systemen präsent, und so ist die Solidarität ein inneres Prinzip, das grundlegend ist für den Katholizismus. *(Auf dem Flug nach Afrika, 17.5.2009)*

Von innen her sehen
wir die Farben

VON AUSSEN HER betrachtet sind (viele Kirchen-) Fenster dunkel, streng, ja sogar trostlos. Aber sobald man in die Kirche eintritt, erwachen sie plötzlich zum Leben; indem sie das durch sie einströmende Licht reflektieren, offenbaren sie all ihren Glanz … Nur von innen her, aus der Erfahrung des Glaubens und des kirchlichen Lebens heraus, sehen wir die Kirche so, wie sie wirklich ist: von Gnade durchflutet, von glanzvoller Schönheit, geschmückt mit den mannigfaltigen Gaben des Heiligen Geistes. Daher sind wir … dazu berufen, alle Menschen in dieses Geheimnis des Lichts hineinzuziehen. Das ist keine einfache Aufgabe in einer Welt, die dazu neigen kann, „von außen her" auf die Kirche wie auf diese farbigen Glasfenster zu schauen: Diese Welt verspürt ein tiefes Bedürfnis nach Spiritualität, findet es aber dennoch schwierig, in das Geheimnis der Kirche „einzutreten". Auch für uns, die wir uns im Innern befinden, kann das Licht des Glaubens durch die Routine gedämpft und der Glanz der Kirche durch die Sünden und die Schwachheit ihrer Glieder verdunkelt werden. *(Predigt in New York, 19.4.2009)*

Die Gemeinschaft der Jünger kennt von Anfang an nicht nur die Freude des Heiligen Geistes, die Gnade der Wahrheit und der Liebe, sondern auch die Prüfung ... So wie es die Gemeinschaft der Liebe von Anfang an gab und bis ans Ende geben wird, so kommt es leider auch von Anfang an zur Spaltung. Wir dürfen uns nicht darüber wundern, dass es sie auch heute gibt ... Derjenige, der an die Kirche der Liebe glaubt und in ihr leben will, hat daher die Pflicht, auch diese Gefahr zu erkennen. *(Generalaudienz, 5.4.2006)*

Die Geschichte der Kirche lehrt uns ... dass echte Gemeinschaft sich nicht ohne mühseliges Ringen um Versöhnung entfaltet. Die Reinigung des Gedächtnisses, die Vergebung für den, der Böses getan hat, das Vergessen erlittenen Unrechts und die Aussöhnung der Herzen in der Liebe, die im Namen des gekreuzigten und auferstandenen Christus zu

verwirklichen sind, können in der Tat die Überwindung von persönlichen Standpunkten und
Ansichten, die schmerzlichen oder schwieri-
gen Erfahrungen entspringen, erfordern; sie
sind aber dringliche Schritte, die gesetzt werden müssen ... *(Brief an die Kirche in China, 27.5.2007)*

Erst muss Christus uns fischen

(ES IST) NÜTZLICH darüber nachzudenken,
dass die zwölf Apostel keine vollkommenen
Männer waren, die aufgrund ihrer moralischen und religiösen Integrität auserwählt
worden wären. Sie waren zweifellos gläubi-
ge Menschen voller Begeisterung und Eifer;
sie trugen jedoch die Zeichen ihrer menschlichen Grenzen, die mitunter auch schwer-
wiegend waren. Jesus also berief sie nicht,
weil sie schon heilig waren, sondern damit
sie es werden. *(In Brindisi, 15.6.2008)*

UM MIT CHRISTUS zu Fischern zu werden,
müssen wir zuerst von ihm „gefischt" werden. *(In Santa Maria di Leuca, 14.6.2008)*

AN DER KIRCHE kann man sehr viel Kritik üben. Wir wissen es, und der Herr hat es uns gesagt: Sie ist ein Netz mit guten und schlechten Fischen, ein Acker mit Weizen und Unkraut … Im Grund ist es doch tröstlich, dass es Unkraut in der Kirche gibt: In all unseren Fehlern dürfen wir hoffen, doch noch in der Nachfolge Jesu zu sein, der gerade die Sünder berufen hat. Die Kirche ist wie eine menschliche Familie … *(In Köln, 20.8.2005)*

DIE KATHOLISCHE Identität einer Universität oder Schule ist nicht bloß eine Frage der Anzahl der katholischen Schüler und Studenten. Es ist eine Frage der Überzeugung – glauben wir wirklich, dass sich nur im Geheimnis des fleischgewordenen Wortes das Geheimnis des Menschen wahrhaft aufklärt? Sind wir bereit, unser ganzes Selbst – Verstand und Willen, Geist und Herz – Gott anzuvertrauen? Nehmen wir die Wahrheit an, die Christus offenbart? Ist der Glaube in unseren Universitäten und Schulen spürbar? Wird er in der Liturgie, in den Sakramenten, durch das Gebet, durch Werke der Nächstenliebe, durch die Sorge um Gerechtigkeit und die Achtung für Gottes Schöpfung sinnfällig zum Ausdruck gebracht? Nur auf diese Weise geben wir wirklich Zeugnis vom Sinn dessen, wer wir sind und was uns wichtig ist. *(In Washington, 17.4.2008)*

WENN WIR die Ratlosigkeit der Welt vor den großen Fragen der Gegenwart und der Zukunft bedenken, dann sollte auch in uns die Freude darüber wieder aufbrechen, dass Gott uns unverdient sein Gesicht, seinen Willen, sich selbst gezeigt hat. Wenn diese Freude wieder in uns aufsteigt, dann wird sie auch das Herz der Nichtgläubigen berühren. Ohne diese Freude überzeugen wir nicht. Aber wo diese Freude da ist, hat sie – absichtslos – missionarische Kraft. Denn dann wird sie den Menschen doch zur Frage, ob nicht wirklich hier der Weg zu finden sei … *(Predigt in Castel Gandolfo, 30.8.2009)*

Das Konzil –
Bruch oder Kontinuität?

ICH DENKE, dass es für uns alle nach dem
Zweiten Vatikanischen Konzil mit seinem
Ruf nach größerem Engagement in der
Sendung der Kirche für die Welt eine der
größten Enttäuschungen war, die Spaltung
zwischen verschiedenen Gruppen, verschiedenen Generationen, verschiedenen Mitgliedern derselben religiösen Familie zu erfahren.
Wir können nur dann vorwärts streben, wenn
wir gemeinsam unseren Blick Christus zu-
wenden! Im Licht des Glaubens werden wir
dann die Weisheit und die Kraft entdecken,
die notwendig sind, um uns Gesichtspunkten gegenüber zu öffnen, die nicht unbedingt
unseren eigenen Ideen und Annahmen entsprechen … *(Predigt in New York, 19.4.2009)*

DIE FRAGE taucht auf, warum die Rezeption
des Konzils in einem großen Teil der Kirche
so schwierig gewesen ist. Nun ja, alles hängt
ab von einer korrekten Auslegung des Konzils oder – wie wir heute sagen würden – von

einer korrekten Hermeneutik, von seiner korrekten Deutung und Umsetzung. Die Probleme der Rezeption entsprangen der Tatsache, dass zwei gegensätzliche Hermeneutiken miteinander konfrontiert wurden und im Streit lagen … Auf der einen Seite gibt es eine Auslegung, die ich „Hermeneutik der Diskontinuität und des Bruches" nennen möchte; sie hat sich nicht selten das Wohlwollen der Massenmedien und auch eines Teiles der modernen Theologie zunutze machen können. Auf der anderen Seite gibt es die „Hermeneutik der Reform", der Erneuerung des einen Subjekts Kirche, die der Herr uns geschenkt hat, unter Wahrung der Kontinuität … Es ist klar, dass der Versuch, eine bestimmte Wahrheit neu zu formulieren, es erfordert, neu über sie nachzudenken und in eine neue, lebendige Beziehung zu ihr zu treten; es ist ebenso klar, dass das neue Wort nur dann zur Reife gelangen kann, wenn es aus einem bewussten Verständnis der darin zum Ausdruck gebrachten Wahrheit entsteht, und dass die Reflexion über den Glauben andererseits auch erfordert, dass man diesen Glauben lebt. In diesem Sinne war das Programm, das Papst Johannes XXIII. vorgegeben hat, äußerst anspruchsvoll, wie auch die Verbindung von Treue und Dynamik anspruchsvoll ist. Aber überall dort, wo die Rezeption des Konzils sich an dieser Auslegung orientiert hat, ist neues Leben gewachsen und sind neue Früchte herangereift. *(An die Kurie, 22.12.2005)*

WIR WISSEN, dass die Einheit einer gotischen Kathedrale nicht die statische Einheit eines klassischen Tempels ist, sondern eine Einheit, die aus der dynamischen Spannung verschiedener Kräfte entsteht, die den Bau aufwärts streben lassen und ihn himmelwärts ausrichten. Auch darin können wir ein Symbol der Einheit der Kirche sehen, die – wie der hl. Paulus sagt – die Einheit eines lebendigen Leibes ist, der sich aus vielen verschiedenen Gliedern zusammensetzt, von denen jedes seine eigene Funktion und seinen eigenen Zweck besitzt. *(Predigt in New York, 19.4.2009)*

DAMIT DAS LICHT
WEITER LEUCHTET

Treue ist inspiriert von der Liebe

IM GRIECHISCHEN fällt das Wort Treue mit dem Wort Glauben zusammen. Die Treue des Knechts Jesu Christi besteht gerade auch darin, dass er nicht versucht, den Glauben nach den Moden der Zeit zurechtzuschneiden. Nur Christus hat Worte ewigen Lebens, und die müssen wir zu den Menschen bringen. Sie sind das kostbare Gut, das uns anvertraut ist. Solche Treue hat nichts Steriles und nichts Statisches an sich. Sie ist schöpferisch ... Treue ist nicht Angst. Sie ist inspiriert von der Liebe und ihrer Dynamik. *(Predigt im Petersdom, 12.9.2009)*

IN ALLEN TEILEN der Welt gibt es überaus viele, die nicht auf das hören wollen, was die Kirche sagt. Wir hoffen, dass sie es wenigstens hören; dann können sie auch anderer Meinung sein ... *(Auf dem Flug nach Brasilien, 9.5.2007)*

ECHTE KULTUREN sind weder in sich selbst verschlossen noch in einem bestimmten Augenblick der Geschichte erstarrt, sondern sie sind offen, mehr noch, sie suchen die Begegnung mit anderen Kulturen, hoffen, zur Universalität zu gelangen in der Begegnung und im Dialog mit anderen Lebensweisen ... Letzten Endes eint allein die Wahrheit, und der Beweis für sie ist die Liebe. Aus diesem Grund ist Christus, da er wirklich der fleischgewordene „Logos", „die Liebe bis zur Vollendung" ist, weder irgendeiner Kultur noch irgendeinem Menschen fremd ... *(In Aparecida/ Brasilien, 13.5.2007)*

WIE KÖNNTEN die Christen das, was sie empfangen haben, für sich allein behalten? Wie könnten sie diesen Schatz beschlagnahmen und diese Quelle verbergen? Die Sendung der Kirche besteht nicht darin, Macht zu verteidigen oder Reichtümer zu erlangen. Ihre Sendung ist es, Christus zu schenken, am Leben Christi teilhaben zu lassen, das kostbarste Gut des Menschen, das Gott selbst uns in seinem Sohn gibt. *(In Istanbul, 1.12.2006)*

WIR DRÄNGEN unseren Glauben niemandem auf: Diese Art von Proselytismus ist dem Christlichen zuwider. Der Glaube kann nur in Freiheit geschehen. Aber die Freiheit der Menschen, die rufen wir an, sich für Gott aufzutun; ihn zu suchen; ihm Gehör zu schenken. *(In München, 10.9.2006)*

DAS REDEN tut es nicht ... Das Wort Gottes wird aus der Vergangenheit dann in die Gegenwart geholt, wenn es gelebt wird. *(Predigt im Petersdom, 29.6.2009)*

IN UNSERER ZEIT, in der der Glaube in weiten Teilen der Welt zu verlöschen droht wie eine Flamme, die keine Nahrung mehr findet, ist die allererste Priorität, Gott gegenwärtig zu machen in dieser Welt und den Menschen den Zugang zu Gott zu öffnen. Nicht zu irgendeinem Gott, sondern zu dem Gott, der am Sinai gesprochen hat; zu dem Gott, dessen Gesicht wir in der Liebe bis zum Ende (Joh 13,1) im gekreuzigten und auferstandenen Jesus Christus erkennen. Das eigentliche Problem unserer Geschichtsstunde ist es, dass

Gott aus dem Horizont der Menschen verschwindet und dass mit dem Erlöschen des von Gott kommenden Lichts Orientierungslosigkeit in die Menschheit hereinbricht, deren zerstörerische Wirkungen wir immer mehr zu sehen bekommen. *(Brief an Bischöfe in aller Welt, 10.3.2009)*

GLAUBE DARF NICHT Theorie bleiben: Er muss Leben sein. Wenn wir im Sakrament dem Herrn begegnen; wenn wir im Gebet mit ihm sprechen; wenn wir in den Entscheidungen des Alltags uns Christus anschließen – dann „sehen" wir immer mehr, wie gut er ist. Dann erfahren wir, dass es gut ist, bei ihm zu sein. Aus solch erlebter Gewissheit kommt dann die Fähigkeit der glaubwürdigen Mitteilung an die anderen. *(Predigt im Petersdom, 29.6.2009)*

Die beste Ökumene:
nach dem Evangelium leben

DIE MENSCHEN zu Gott, dem in der Bibel sprechenden Gott, zu führen, ist die oberste und grundlegende Priorität der Kirche und des Petrusnachfolgers in dieser Zeit. Aus ihr ergibt sich dann von selbst, dass es uns um die Einheit der Glaubenden gehen muss. Denn ihr Streit, ihr innerer Widerspruch, stellt die Rede von Gott in Frage. *(Brief an Bischöfe in aller Welt, 10.3.2009)*

IN DER RÜCKSCHAU auf die Spaltungen, die den Leib Christi im Lauf der Jahrhunderte verwundet haben, entsteht immer wieder der Eindruck, dass in den kritischen Momenten, in denen sich die Spaltung anbahnte, von Seiten der Verantwortlichen in der Kirche nicht genug getan worden ist, um Versöhnung und Einheit zu erhalten oder neu zu gewinnen; dass Versäumnisse in der Kirche mit schuld daran sind, dass Spaltungen sich verfestigen konnten. Diese Rückschau legt uns heute eine Verpflichtung auf, alle Anstrengungen zu unternehmen, um all denen das Verbleiben in der Einheit oder das neue Finden zu ihr zu ermöglichen, die wirklich Sehnsucht nach Einheit tragen. *(Brief an die Bischöfe zum Thema Liturgie, 7.7.2007)*

WORUM GEHT ES bei der Wiederherstellung der Einheit aller Christen? Wir alle wissen, es gibt viele Modelle von Einheit. Sie wissen auch, dass die katholische Kirche das Erreichen der vollen sichtbaren Einheit der Jünger Jesu Christi will … Diese Einheit besteht zum einen nach unserer Überzeugung unverlierbar in der katholischen Kirche; die Kirche ist ja nicht überhaupt verschwunden aus der Welt. Andererseits aber bedeutet diese Einheit dann doch auch nicht das, was man sozusagen „Rückkehr-Ökumenismus" nennen könnte: die eigene Glaubensgeschichte leugnen und ablegen zu müssen. Keineswegs! Sie bedeutet nicht Uniformität in allen Ausdrucksformen der Theologie und der Spiritualität, in den liturgischen Formen und in der Disziplin. Einheit in der Vielfalt und Vielfalt in der Einheit … Allein mit unseren eigenen Kräften können wir die Einheit nicht „machen". Wir können sie nur empfangen als Geschenk des Heiligen Geistes … Die beste Form des Ökumenismus besteht darin, nach dem Evangelium zu leben. *(Rede in Köln zur Ökumene, 19.8.2005)*

GEMEINSAM das Wort Gottes hören; die „lectio divina" der Bibel halten, das heißt das an das Gebet gebundene Lesen der Heiligen Schrift; sich überraschen lassen von der Neuheit des Wortes Gottes, die nie alt wird und sich nie erschöpft ... Unsere Taubheit für jene Worte überwinden, die nicht mit unseren Vorurteilen und unseren Meinungen übereinstimmen; hören und studieren in der Gemeinschaft der Gläubigen aller Zeiten; all das stellt einen Weg dar ... um die Einheit im Glauben zu erreichen ... *(Predigt in St. Paul vor den Mauern, 25.1.2007)*

ICH SEHE einen tröstlichen Grund zu Optimismus in der Tatsache, dass sich gegenwärtig eine Art geistliches „Netzwerk" bildet zwischen Katholiken und Christen der verschiedenen Kirchen und kirchlichen Gemeinschaften: Jeder einzelne setzt sich ein durch Gebet, Überprüfung des eigenen Lebens, Reinigung des Gedächtnisses und Öffnung in der Nächstenliebe. Der Vater des geistlichen Ökumenismus, Paul Couturier, hat in diesem Zusammenhang von einem „unsichtbaren

Kloster" gesprochen, das in seinen Mauern diese für Christus und seine Kirche begeisterten Menschen versammelt. Ich bin überzeugt: Wenn sich eine wachsende Anzahl von Menschen von innen her zutiefst dem Gebet des Herrn, „dass alle eins seien" (Joh 17,21), anschließt, dann wird ein solches Gebet in Jesu Namen nicht ins Leere gehen. *(Rede in Köln zur Ökumene, 19.8.2005)*

Interreligiöser Dialog:
Hand in Hand mit der Wahrheit

WEIT DAVON ENTFERNT, den Geist einzuengen, erweitert ein ernsthaftes Festhalten an der Religion den Horizont menschlichen Verstandes. Sie schützt die Gesellschaft von den Auswüchsen eines ungezügelten Ego, das danach strebt, das Endliche zu verabsolutieren und das Unendliche in den Schatten zu stellen; sie stellt sicher, dass Freiheit Hand in Hand mit der Wahrheit ausgeübt wird ... *(In Amman, 9.5.2009)*

WER GOTT IST, wissen wir durch Jesus Christus: den Einzigen, der Gott ist. In die Berührung mit Gott kommen wir durch ihn. In der Zeit der multireligiösen Begegnungen sind wir leicht versucht, dieses zentrale Bekenntnis etwas abzuschwächen oder gar zu verstecken. Aber damit dienen wir der Begegnung nicht und nicht dem Dialog. Damit machen wir Gott nur unzugänglicher, für die anderen und für uns selbst. Es ist wichtig, dass wir unser Gottesbild ganz und nicht nur fragmentiert zur Sprache bringen. *(Im Dom von Regensburg, 12.9.2009)*

DAS ZIEL der Religionsfreiheit, des interreligiösen Dialogs und der konfessionsgebundenen Erziehung (ist) mehr als nur ein Konsens über die Umsetzung praktischer Strategien, um den Frieden voranzubringen. Der eigentliche Zweck des Dialogs ist die Entdeckung der Wahrheit. Was ist der Ursprung und die Bestimmung der Menschheit? Was ist Gut und Böse? Was erwartet uns am Ende unseres irdischen Lebens? Nur wenn wir diese tieferen Fragen angehen, können wir eine solide Grundlage für den Frieden und die Sicherheit der Menschheitsfamilie schaffen ... *(In Washington D.C., 17.4.2008)*

RELIGIÖSER GLAUBE setzt Wahrheit voraus. Wer glaubt, sucht nach der Wahrheit und lebt aus ihr. Zwar ist das Mittel, durch das wir die Entdeckung und Weitergabe der Wahrheit verstehen, teilweise von Religion zu Religion verschieden, wir sollten uns aber nicht von unseren Bemühungen abhalten lassen, die Macht der Wahrheit zu bezeugen. Gemeinsam können wir verkünden, dass Gott existiert und dass man ihn erkennen kann, dass die Erde seine Schöpfung ist, dass wir seine Geschöpfe sind und dass er jeden Menschen aufruft, so zu leben, dass er seinen Plan für die Welt achtet. *(In Jerusalem, 11.5.2009)*

MAN KÖNNTE ... sagen, dass die Treue zu dem einen Gott, dem Schöpfer, dem Allerhöchsten, dazu führt anzuerkennen, dass alle Menschen grundlegend miteinander verbunden sind, da alle ihr Dasein einer einzigen Quelle verdanken und auf ein gemeinsames

Ziel hingeordnet sind. Ihnen allen ist das unauslöschliche Abbild des Göttlichen eingeprägt, und sie sind dazu berufen, aktiv an der Heilung der Trennungen mitzuarbeiten und die Solidarität unter den Menschen zu fördern. Dies erlegt uns eine große Verantwortung auf. Die den einen Gott verehren, glauben, dass er von den Menschen Rechenschaft für ihr Tun einfordern wird. *(In Jerusalem, 12.5.2009)*

DER AUSSCHLUSS der Religion vom öffentlichen Bereich wie andererseits der religiöse Fundamentalismus behindern die Begegnung zwischen den Menschen und ihre Zusammenarbeit für den Fortschritt der Menschheit. Das öffentliche Leben verarmt an Motivationen, und die Politik nimmt ein unerträgliches und aggressives Gesicht an. *(Enzyklika Caritas in veritate, 29.6.2009)*

CHRISTEN UND MUSLIME folgen ihrer jeweiligen Religion und machen so auf die Wahrheit des sakralen Charakters und der Würde des Menschen aufmerksam. Das ist die

Grundlage für unsere gegenseitige Achtung und Wertschätzung, das ist die Grundlage für die Zusammenarbeit im Dienst des Friedens zwischen Nationen und Völkern, die tiefste Sehnsucht aller Gläubigen und aller Menschen guten Willens. *(In Ankara, 28.11.2006)*

DIE GESCHICHTE hat gezeigt, dass es nur dann zum Frieden kommt, wenn die Konfliktparteien gewillt sind, ihren Groll zu überwinden und auf gemeinsame Ziele hin zusammenzuarbeiten, indem jede die Interessen und die Besorgnisse der anderen ernst nimmt und sich bemüht, eine Atmosphäre des Vertrauens zu schaffen … Wenn jeder auf vorgängige Zugeständnisse des anderen beharrt, kann das Ergebnis nur eine Pattsituation sein. *(In Bethlehem, 13.5.2009)*

DAUERHAFTER Friede entspringt der Erkenntnis, dass die Welt letztlich nicht uns selbst gehört, sondern vielmehr den Hintergrund bildet, vor dem wir eingeladen sind, an Gottes Liebe teilzuhaben und unter seiner Führung bei der Lenkung der Welt und der Geschichte mitzuarbeiten. *(In Nazareth, 14.5.2009)*

DER MENSCH, DIESES
GEHEIMNISVOLLE GESCHÖPF

*Nur die Liebenden
finden das Leben*

DER MENSCH IST DIESES geheimnisvolle Geschöpf, das ganz von der Erde stammt, dem aber der Atem Gottes eingehaucht wurde. Jesus haucht die Apostel an und beschenkt sie aufs Neue, aber noch großartiger, mit Gottes Atem. In den Menschen ist jetzt trotz all ihrer Grenzen etwas absolut Neues – der Atem Gottes. Das Leben Gottes lebt in uns. Der Atem seiner Liebe, seiner Wahrheit und seiner Güte. *(An Pfingsten in Rom, 15.5.2005)*

WIR ALLE sind Geschwister Jesu … und alle streben wir nach Glück … so sind wir alle unterwegs zu diesem Glück, das wir Himmel nennen, das in Wirklichkeit Gott ist. *(In Castel Gandolfo, 15.8.2008)*

UNSER GANZES DENKEN muss von seinem Grund her anders werden. Das Denken des alten Menschen, unser Durchschnittsdenken, richtet sich im Allgemeinen auf Besitz, Wohlstand, Einfluss, Erfolg, Ansehen und so fort. Aber so ist unser Denken schon zu kurz. So bleibt letztlich das eigene Ich Mittelpunkt der Welt. Wir müssen gründlicher denken lernen: ... Gott muss in den Horizont unseres Denkens hereintreten: was er will und wie er die Welt und mich gedacht hat. Wir müssen mit Jesus Christus mit-denken und mit-wollen lernen. Dann sind wir neue Menschen, in denen eine neue Welt heraufzieht. *(Predigt in St. Paul vor den Mauern, 28.6.2009)*

UNSERE WELT (ist) eine Welt der Angst: Angst vor Elend und Armut, Angst vor Krankheiten und Leiden, Angst vor der Einsamkeit, Angst vor dem Tod. Wir haben in unserer Welt ein hochentwickeltes Versicherungssystem, und es ist gut, dass es dies gibt. Aber wir wissen, dass uns im Augenblick schweren Leidens, im Augenblick der äußersten Todesverlassenheit keine Versicherung helfen kann. Die einzige Versicherung, die in dem Moment einen Wert hat, ist die, die vom Herrn kommt, der auch zu uns spricht: „Fürchte dich nicht, ich bin immer bei dir." Wir können fallen, aber am Ende fallen wir in Gottes Hände, und Gottes Hände sind gute Hände. *(In einer römischen Pfarrei, 18.12.2005)*

GOTT ENTHÜLLT dem Menschen den Menschen; die Vernunft und der Glaube arbeiten zusammen, ihm das Gute zu zeigen, wenn er es nur sehen wollte; das Naturrecht, in dem die schöpferische Vernunft aufscheint, zeigt die Größe des Menschen auf, aber auch sein Elend, wenn er den Ruf der moralischen Wahrheit nicht annimmt. *(Enzyklika Caritas in veritate, 29.6.2009)*

DER DEUTLICHSTE BEWEIS dafür, dass wir nach dem Bild der Dreifaltigkeit geschaffen sind, ist dieser: Allein die Liebe macht uns glücklich, da wir in Beziehung leben, und wir leben, um zu lieben und geliebt zu werden. Einer der Biologie entlehnten Analogie gemäß könnten wir sagen, dass das Sein des Menschen in seinem „Erbgut" die tiefe Spur der Dreifaltigkeit trägt, des Gottes, der die Liebe ist. *(Angelus, 7.6.2009)*

NUR DER LIEBENDE findet das Leben. Und Liebe verlangt immer das Weggehen aus sich selbst, verlangt immer, sich selber zu lassen. Wer umschaut nach sich selbst, den anderen nur für sich haben will, der gerade verliert sich und den anderen. Ohne dieses tiefste Sich-Verlieren gibt es kein Leben. Die rastlose Gier nach Leben, die die Menschen heute umtreibt, endet in der Öde des verlorenen Lebens. „Wer sein Leben um meinetwillen verliert … ", sagt der Herr: Ein letztes Loslassen unserer selbst ist nur möglich, wenn wir dabei am Ende nicht ins Leere fallen, sondern in die Hände der ewigen Liebe hinein. *(Im Wiener Stephansdom, 9.9.2007)*

Die Kirche ist jung

HABEN WIR NICHT ALLE irgendwie Angst, wenn wir Christus ganz hereinlassen, uns ihm ganz öffnen, könnte uns etwas genommen werden von unserem Leben? Müssen wir dann nicht auf so vieles verzichten, was das Leben erst so richtig schön macht? Würden wir nicht eingeengt und unfrei? ... Nein. Wer Christus einlässt, dem geht nichts, nichts – gar nichts verloren von dem, was das Leben frei, schön und groß macht. Nein, erst in dieser Freundschaft öffnen sich die Türen des Lebens. Erst in dieser Freundschaft gehen überhaupt die großen Möglichkeiten des Menschseins auf ... So möchte ich heute mit großem Nachdruck und großer Überzeugung aus der Erfahrung eines eigenen langen Lebens euch, liebe junge Menschen, sagen: Habt keine Angst vor Christus! Er nimmt nichts, und er gibt alles. Wer sich ihm gibt, der erhält alles hundertfach zurück. *(Bei der Amtseinführung, 24.4.2005)*

WENN MAN DIE SCHÖNHEIT der Geschöpfe sieht und das Gute, das in ihnen allen vorhanden ist, dann ist es unmöglich, nicht an Gott zu glauben und seine heilbringende und tröstende Gegenwart nicht zu erfahren. Wenn wir all das Gute sehen könnten, das es in der Welt gibt, und darüber hinaus das Gute erfahren könnten, das von Gott selbst kommt, dann würden wir niemals aufhören, uns ihm zu nähern, ihn zu loben und ihm zu danken. *(An Jugendliche in Sao Paolo, 10.5.2007)*

DIE GEBOTE werden nicht von außen auferlegt, sie schmälern nicht unsere Freiheit. Im Gegenteil: Sie sind ein kraftvoller innerer Ansporn, der uns dazu bringt, unserem Handeln eine gewisse Richtung zu geben. Ihre Grundlagen sind die Gnade und die Natur, die uns nicht stillstehen lassen. Wir müssen gehen. Wir werden angetrieben, etwas zu tun, um uns zu verwirklichen. Sich durch das Handeln zu verwirklichen, heißt in Wirklichkeit, sich selbst wirklich zu machen. Wir sind zum großen Teil von Jugend auf das, was wir sein wollen. Wir sind sozusagen das Werk unserer Hände. *(An Jugendliche in Sao Paolo, 10.5.2007)*

AUF UND MIT CHRISTUS bauen bedeutet, auf einem Fundament zu bauen, das gekreuzigte Liebe heißt. Es bedeutet, mit jemandem zu bauen, der uns besser kennt als wir selbst …

Auf Fels bauen bedeutet auch, auf jemanden zu bauen, der abgelehnt wurde ... Oft wird Jesus ignoriert, verspottet, als König der Vergangenheit, nicht der Gegenwart und schon gar nicht der Zukunft verkündet, und wird in die Ecke der Fragen und Personen gedrängt, von denen nicht laut in der Öffentlichkeit gesprochen werden sollte. Lasst euch nicht entmutigen, wenn ihr beim Aufbau des Hauses eures Lebens jenen Menschen begegnet, die das Fundament verachten, auf dem ihr baut! Ein starker Glaube muss durch Prüfungen hindurchgehen ... Unser Glaube an Jesus Christus muss, um ein solcher zu bleiben, sich häufig mit dem mangelnden Glauben der anderen auseinandersetzen. *(In Krakau, 27.5.2006)*

Wir kommen von unseren Eltern –
und von Gott

DER EROS verweist von der Schöpfung her den Menschen auf die Ehe, auf eine Bindung, zu der Einzigkeit und Endgültigkeit gehören. So, nur so erfüllt sich seine innere Weisung.

Dem monotheistischen Gottesbild entspricht die monogame Ehe. Die auf einer ausschließlichen und endgültigen Liebe beruhende Ehe wird zur Darstellung des Verhältnisses Gottes zu seinem Volk und umgekehrt: die Art, wie Gott liebt, wird zum Maßstab menschlicher Liebe. *(Enzyklika Deus caritas est, 25.12.2005)*

IM URSPRUNG JEDES MENSCHEN und somit in jeder menschlichen Vater- und Mutterschaft ist Gott der Schöpfer gegenwärtig. Daher müssen die Eltern das Kind, das ihnen geboren wird, nicht nur als ihr eigenes Kind, sondern auch als Kind Gottes annehmen ... Jeder Zeugungsakt, jede Vater- und Mutterschaft, jede Familie hat ihren Anfang in Gott ... *(In Valencia, 9.7.2006)*

MAN KANN SIE (DIE SEXUALITÄT) nicht auf eine lediglich hedonistische und spielerische Handlung reduzieren, so wie man die Sexualerziehung nicht auf eine technische Anleitung reduzieren kann, deren einzige Sorge es ist, die Betroffenen vor eventuellen Ansteckungen oder vor dem „Risiko" der Fortpflanzung zu schützen. Das würde einer Verarmung und Missachtung der tiefen Bedeutung der Sexualität gleichkommen … Die Verantwortung verbietet es … ebenso, die Sexualität lediglich als Lustquelle zu betrachten, wie sie in politische Maßnahmen einer erzwungenen Geburtenplanung einzubeziehen. In beiden Fällen steht man vor materialistischen Auffassungen … *(Enzyklika Caritas in veritate, 29.6.2009)*

NATÜRLICH KOMMEN WIR von unseren Eltern und sind ihre Kinder; wir kommen aber auch von Gott, der uns nach seinem Abbild geschaffen und uns berufen hat, seine Kinder zu sein. *(In Valencia, 9.7.2006)*

Offen sein
für das Leben

DIE FREIHEIT zu töten ist keine wahre Freiheit, sondern eine Tyrannei, die den Menschen zur Sklaverei erniedrigt. *(Im Lateran, 7.5.2005)*

WENN EINE GESELLSCHAFT den Weg der Lebensverweigerung oder -unterdrückung einschlägt, wird sie schließlich nicht mehr die nötigen Motivationen und Energien finden, um sich für das wahre Wohl des Menschen einzusetzen. Wenn der persönliche und gesellschaftliche Sinn für die Annahme eines neuen Lebens verlorengeht, verdorren auch andere, für das gesellschaftliche Leben hilfreiche Formen der Annahme. *(Enzyklika Caritas in veritate, 29.6.2009)*

DAS GRUNDLEGENDE MENSCHENRECHT, die Voraussetzung für alle anderen Rechte, ist das Recht auf das Leben selbst. Das gilt für das Leben von der Empfängnis bis zu seinem natürlichen Ende. Abtreibung kann demgemäß kein Menschenrecht sein – sie ist das Gegenteil davon … Mit alledem spreche ich nicht von einem speziell kirchlichen Interesse. Vielmehr möchte ich mich zum Anwalt eines zutiefst menschlichen Anliegens und zum Sprecher der Ungeborenen machen, die keine Stimme haben. Ich verschließe damit nicht die Augen vor den Problemen und Konflikten vieler Frauen und bin mir bewusst, dass die Glaubwürdigkeit unserer Rede auch davon abhängt, was die Kirche selbst zur Hilfe für betroffene Frauen tut. *(In der Wiener Hofburg, 7.9.2007)*

DIE MORALISCH verantwortungsvolle Offenheit für das Leben ist ein sozialer und wirtschaftlicher Reichtum. Große Nationen haben auch dank der großen Zahl und der Fähigkeiten ihrer Einwohner aus dem Elend herausfinden können. Umgekehrt erleben einst blühende Nationen jetzt wegen des Geburtenrückgangs eine Phase der Unsicherheit und in manchen Fällen sogar ihres Niedergangs – ein entscheidendes Problem gerade für die Wohlstandsgesellschaften ... *(Enzyklika Caritas in veritate, 29.6.2009)*

DAS LEBEN DES MENSCHEN! Wie sehr man es auch erforschen mag, dieses große Geschenk bleibt stets ein Geheimnis. *(Im Klinikum von Pavia, 22. April 2007)*

Ewigkeit – Eintauchen in den Ozean der unendlichen Liebe

WIR MÖCHTEN irgendwie das Leben selbst, das eigentliche, das dann auch nicht vom Tod berührt wird; aber zugleich kennen wir das nicht, wonach es uns drängt ... Dies Unbekannte ist die eigentliche „Hoffnung", die uns treibt, und ihr Unbekanntsein ist zugleich der Grund aller Verzweiflungen wie aller positiven und aller zerstörerischen Anläufe auf die richtige Welt, den richtigen Menschen zu. Das Wort „ewiges Leben" versucht, diesem unbekannt Bekannten einen Namen zu geben. Es ist notwendigerweise ein irritierendes, ein ungenügendes Wort ... Wir können nur versuchen, aus der Zeitlichkeit, in der wir gefangen sind, herauszudenken und zu ahnen, dass Ewigkeit nicht eine immer weitergehende Abfolge von Kalendertagen ist, sondern etwas wie der erfüllte Augenblick, in dem uns das Ganze umfängt und wir das Ganze umfangen. Es wäre der Augenblick des Eintauchens in den Ozean der unendlichen Liebe, in dem es keine Zeit, kein Vor-

und Nachher mehr gibt. Wir können nur versuchen zu denken, dass dieser Augenblick das Leben im vollen Sinn ist, immer neues Eintauchen in die Weite des Seins, indem wir einfach von der Freude überwältigt werden.
(Enzyklika Spe salvi, 30.11.2007)

WOLLEN WIR NICHT ALLE, dass einmal all den ungerecht Verurteilten, all denen, die ein Leben lang gelitten haben und aus einem Leben voller Leid in den Tod gehen mussten, dass ihnen allen Gerechtigkeit widerfährt? Wollen wir nicht alle, dass am Ende das Übermaß an Unrecht und Leid, das wir in der Geschichte sehen, sich auflöst; dass alle am Ende froh werden können, dass das Ganze Sinn erhält? Diese Herstellung des Rechts, diese Zusammenfügung der scheinbar sinnlosen Fragmentstücke der Geschichte in ein Ganzes hinein, in dem die Wahrheit und die Liebe regieren: das ist mit dem Weltgericht gemeint.
(In Regensburg, 12.9.2006)

WER VON DER LIEBE berührt wird, fängt an zu ahnen, was dies eigentlich wäre: „Leben". Er

fängt an zu ahnen, was mit dem Hoffnungs-
wort gemeint ist, das uns im Taufritus begegnet: Vom Glauben erwarte ich das „ewige Leben" – das wirkliche Leben, das ganz und
unbedroht, in seiner ganzen Fülle einfach Leben ist … Leben im wahren Sinn hat man
nicht in sich allein und nicht aus sich allein:
Es ist eine Beziehung. Und das Leben in seiner Ganzheit ist Beziehung zu dem, der die
Quelle des Lebens ist. Wenn wir mit dem in
Beziehung sind, der nicht stirbt, der das Leben selber ist und die Liebe selber, dann sind
wir im Leben. Dann „leben" wir. *(Enzyklika Spe
salvi, 30.11.2007)*

GOTTES UNBEDINGTE LIEBE, die jedem Menschen Leben gibt, weist auf eine Bedeutung
und einen Sinn für jedes menschliche Leben
hin … Wie wir Christen bekennen, zieht
Christus uns durch das Kreuz tatsächlich in
das ewige Leben hinein. Dadurch zeigt er uns
den vor uns liegenden Weg … *(In Amman,
8.5.2009)*

90

DER GLAUBE AN CHRISTUS hat nie nur nach rückwärts und nie nur nach oben, sondern immer auch nach vorn, auf die Stunde der Gerechtigkeit hingeblickt, die der Herr wiederholt angekündigt hatte. Dieser Blick nach vorn hat dem Christentum seine Gegenwartskraft gegeben. *(Enzyklika Spe salvi, 30.11.2007)*

EINE WELT, die sich selbst Gerechtigkeit schaffen muss, ist eine Welt ohne Hoffnung. Niemand und nichts antwortet auf das Leiden der Jahrhunderte. Niemand und nichts bürgt dafür, dass nicht weiter der Zynismus der Macht, unter welchen ideologischen Verbrämungen auch immer, die Welt beherrscht ... Nur Gott kann Gerechtigkeit schaffen. Und der Glaube gibt uns die Gewissheit: Er tut es. Das Bild des Letzten Gerichts ist zuallererst nicht ein Schreckbild, sondern Bild der Hoffnung, für uns vielleicht sogar das entscheidende Hoffnungsbild ...
(Enzyklika Spe salvi, 30.11.2007)

DIE WELT SOLL
GOTTESDIENST WERDEN

*Wenn der Himmel sich zur
Erde hinunterbeugt*

DIE FUNKTION des Priestertums ist es, die Welt zu weihen, damit die Welt eine lebendige Hostie wird, damit die Welt Liturgie wird: Die Liturgie soll nicht etwas sein, das neben der Wirklichkeit der Welt existiert, sondern die Welt selbst soll lebendige Hostie werden, sie soll Liturgie werden ... *(In Aosta, 24.7.2009)*

NICHTS WIRD JE den Dienst der Priester im Leben der Kirche ersetzen. Nichts wird je eine Messe für das Heil der Welt ersetzen! *(In Paris, 13.9.2008)*

DIE LITURGIE ist die vornehmliche Schule des Glaubens. *(In Cagliari/Sardinien, 7.9.2008)*

DIE SCHÖNHEIT der Liturgie ... ist höchster Ausdruck der Herrlichkeit Gottes und stellt in gewissem Sinne ein Sich-Herunterbeugen des Himmels auf die Erde dar. *(Nachsynodales Schreiben „Sacramentum caritatis", 22.2.2007)*

OHNE DEN HERRN und ohne den Tag, der ihm gehört, gerät das Leben nicht. Der Sonntag hat sich in unseren westlichen Gesellschaften gewandelt zum Wochenende, zur freien Zeit. Die freie Zeit ist gerade in der Hetze der modernen Welt etwas Schönes und Notwendiges; jeder von uns weiß das. Aber wenn die freie Zeit nicht eine innere Mitte hat, von der Orientierung fürs Ganze ausgeht, dann wird sie schließlich zur leeren Zeit, die uns nicht stärkt und nicht aufhilft. Die freie Zeit braucht eine Mitte – die Begegnung mit dem, der unser Ursprung und unser Ziel ist. *(Im Wiener Stephansdom, 9.9.2007)*

DIE „STUNDE" JESU ist die Stunde, in der die Liebe siegt. Das heißt: Gott hat gesiegt, denn er ist die Liebe. Die „Stunde" Jesu will unsere Stunde werden und wird es, wenn wir uns durch die Feier der heiligen Eucharistie in den Prozess der Verwandlungen hineinziehen lassen, um die es dem Herrn geht. Eucharistie muss Mitte unseres Lebens werden. Es ist nicht Positivismus oder Machtwille, wenn die Kirche uns sagt, dass zum Sonntag die Eucharistie gehört. Am Ostermorgen haben zuerst die Frauen, dann die Jünger den Auferstandenen sehen dürfen. So wussten sie von da an, dass nun der erste Wochentag, der Sonntag, sein Tag ist, der Tag Christi. Der Tag des Schöpfungsbeginns wird zum Tag der Erneuerung der Schöpfung. Schöpfung und Erlösung gehören zusammen. Deswegen ist der Sonntag so wichtig. *(In Köln, 21.8.2009)*

Wir bitten um den Blick der Güte Gottes

WIR BITTEN um den Blick der Güte Gottes. Wir selber brauchen diesen Blick der Güte über den Sonntag hinaus in den Alltag hinein. Bittend wissen wir, dass dieser Blick uns schon geschenkt ist. Mehr noch, wir wissen, dass Gott uns als seine Kinder adoptiert, uns wirklich in die Gemeinschaft mit sich selber aufgenommen hat. Kindsein bedeutet – das wusste die alte Kirche – ein Freier sein, kein Knecht, sondern selbst der Familie zugehörig. Und es bedeutet Erbe sein. Wenn wir dem Gott zugehören, der die Macht über alle Mächte ist, dann sind wir furchtlos und frei, und dann sind wir Erben. Das Erbe, das er uns vermacht hat, ist er selbst … *(Im Wiener Stephansdom, 9.9.2007)*

IN DER LITURGIEGESCHICHTE gibt es Wachstum und Fortschritt, aber keinen Bruch. Was früheren Generationen heilig war, bleibt auch uns heilig und groß; es kann nicht plötzlich rundum verboten oder gar schädlich sein. Es tut uns allen gut, die Reichtümer zu wahren, die im Glauben und Beten der Kirche gewachsen sind, und ihnen ihren rechten Ort zu geben. *(Brief an die Bischöfe zum Thema Liturgie, 7.7.2007)*

ICH KANN CHRISTUS nicht allein für mich haben, ich kann ihm zugehören nur in der Gemeinschaft mit allen, die die Seinigen geworden sind oder werden sollen. Die Kommunion zieht mich aus mir heraus zu ihm hin und damit zugleich in die Einheit mit allen Christen. Wir werden „ein Leib", eine ineinander verschmolzene Existenz. Gottesliebe und Nächstenliebe sind nun wirklich vereint: Der fleischgewordene Gott zieht uns alle an sich … Eucharistie, die nicht praktisches Liebeshandeln wird, ist in sich selbst fragmentiert … *(Enzyklika Deus caritas est, 25.12.2005)*

Die Kernspaltung im Innersten des Seins

WIE KANN JESUS seinen Leib austeilen und sein Blut? Indem er Brot zu seinem Leib und Wein zu seinem Blut macht und austeilt, nimmt er seinen Tod vorweg, nimmt er ihn von innen her an und verwandelt ihn in eine Tat der Liebe. Was von außen her brutale Gewalt ist – die Kreuzigung –, wird von innen her ein Akt der Liebe, die sich selber schenkt, ganz und gar. Dies ist die eigentliche Wandlung, die im Abendmahlssaal geschah und die dazu bestimmt war, einen Prozess der Verwandlungen in Gang zu bringen, dessen letztes Ziel die Verwandlung der Welt dahin ist, dass

Gott alles in allem sei. Alle Menschen warten immer schon irgendwie in ihrem Herzen auf eine Veränderung und Verwandlung der Welt. Dies nun ist der zentrale Verwandlungsakt, der allein wirklich die Welt erneuern kann: Gewalt wird in Liebe umgewandelt und so Tod in Leben. Weil er den Tod in Liebe umformt, darum ist der Tod als solcher schon von innen her überwunden und Auferstehung schon in ihm da. Der Tod ist gleichsam von innen verwundet und kann nicht mehr das letzte Wort sein. Das ist sozusagen die Kernspaltung im Innersten des Seins … *(In Köln, 21.8.2009)*

JESUS SCHENKT in der Eucharistie nicht „etwas", sondern sich selbst … *(Nachsynodales Schreiben „Sacramentum caritatis", 22.2.2007)*

DIE EUCHARISTIE zu empfangen bedeutet, den anzubeten, den wir empfangen. Genau so und nur so werden wir eins mit ihm. Daher ist die Entwicklung der eucharistischen Anbetung in der Form, wie sie sich im Verlauf des Mittelalters herausgebildet hat, eine Konsequenz des eucharistischen Geheimnisses selbst und besitzt einen starken inneren Zusammenhang mit diesem ... *(An die Kurie, 22.12.2005)*

MIT DER EUCHARISTIE ... kommt der Himmel auf die Erde, das Morgen Gottes senkt sich in die Gegenwart ein, und es ist, als liege die Zeit in der Umarmung der göttlichen Ewigkeit. *(Predigt vor San Giovanni, 11.6.2009)*

DAS NIEDERKNIEN vor der Eucharistie ist Bekenntnis der Freiheit: Wer sich vor Jesus niederkniet, kann und darf sich vor keiner noch so starken irdischen Macht niederwerfen. *(Predigt vor San Giovanni, 22.5.2008)*

WENN WIR WIE MARIA „Ja" sagen, dann vollzieht sich in demselben Maß dieses unseres „Ja" auch für uns und in uns dieser geheimnisvolle Austausch: Wir werden in die Gottheit dessen aufgenommen, der unsere Menschheit angenommen hat. Die Eucharistie ist das Mittel, das Werkzeug dieser gegenseitigen Verwandlung, die stets Gott als Ziel

und Protagonisten hat … Dieses Geheimnis,
dieses Fest Gottes beginnt hier auf Erden …
(Angelus, 16.8.2009)

UNSER LEBEN ALS CHRISTEN ist nicht einfach eine menschliche Anstrengung, die Anforderungen des Evangeliums zu leben, die uns als
Verpflichtungen auferlegt worden sind. In der
Eucharistie werden wir in das Geheimnis der
göttlichen Liebe hineingezogen. *(In Jerusalem,
12.5.2009)*

MAN KÖNNTE IM GRUNDE genommen sagen,
die Menschen wollen Gott gar nicht so nahe,
so verfügbar haben, sie wollen nicht, dass er
so an ihren Angelegenheiten teilnimmt. Die
Menschen wollen einen Gott, der groß ist,
und schließlich wollen auch wir ihn oft etwas von uns fernhalten. Da werden Fragen
aufgeworfen, die schließlich beweisen sollen,
dass eine solche Nähe tatsächlich unmöglich
wäre. Die Worte aber, die Christus … gesprochen hat, behalten ganz klar ihre Gültig-
keit: „Amen, amen, das sage ich euch: Wenn
ihr das Fleisch des Menschensohnes nicht

esst und sein Blut nicht trinkt, habt ihr das Leben nicht in euch" (Joh 6,53). Wahrlich, wir brauchen einen Gott, der uns nahe ist. Angesichts des mürrischen Protests hätte Jesus auch auf beruhigende Worte ausweichen und sagen können: „Freunde, macht euch keine Sorgen! Ich habe von Fleisch gesprochen, aber es handelt sich nur um ein Symbol. Was ich möchte, ist nur eine tiefe gefühlsmäßige Verbundenheit." Aber nein, Jesus hat nicht derartige milde Worte verwendet. Er hat an seiner Aussage, an ihrem ganzen Realismus festgehalten, selbst auf die Gefahr hin, dass sich viele seiner Jünger zurückziehen würden. *(In Bari, 29.5.2005)*

Wir können Berufungen nicht machen

„BITTET DEN HERRN der Ernte, dass er Arbeiter sendet!" Das bedeutet: Die Ernte ist da, aber Gott will sich der Menschen bedienen, damit sie eingebracht werde. Gott braucht Menschen … „Bittet den Herrn der Ernte!"

Das will auch sagen: Wir können Berufungen nicht einfach „machen", sie müssen von Gott kommen. Wir können nicht, wie vielleicht in anderen Berufen, durch gezieltes Management, entsprechende Strategien sozusagen, einfach Leute rekrutieren. Die Berufung muss immer den Weg vom Herzen Gottes aus zum Herzen des Menschen finden. Und trotzdem: Gerade, damit sie im Herzen der Menschen ankommen kann, ist auch unser Mittun gefordert. Den Herrn der Ernte darum bitten, das bedeutet gewiss zu allererst, dass wir darum beten … Wir rütteln am Herzen Gottes. *(In Freising, 14.9.2006)*

DIESE DEMUT, auch die eigenen Grenzen anzunehmen, ist sehr wichtig. Nur so können wir andererseits wachsen, reifen und den Herrn bitten, dass er uns helfe, unterwegs nicht müde zu werden … Wenn wir die eigene Unvollkommenheit annehmen, ist es auch leichter, die des anderen anzunehmen und uns vom Herrn immer wieder umformen und erneuern zu lassen. *(Ansprache an Priester, 2.3.2006)*

DER ANKER DES HERZENS REICHT
BIS ZU GOTTES THRON

Gott ist an der Seite
der Leidenden

ZUR MENSCHLICHEN EXISTENZ gehört das Leiden ebenso wie das Tun. Es folgt zum einen aus unserer Endlichkeit, zum anderen aus der Masse der Schuld, die sich in der Geschichte angehäuft hat und auch in der Gegenwart unaufhaltsam wächst. Natürlich muss man alles tun, um Leid zu mindern: das Leid der Unschuldigen zu verhindern, so gut es geht; Schmerzen zu lindern; in seelischem Leid zur Überwindung zu helfen … aber ganz aus der Welt schaffen können wir es nicht – einfach deshalb nicht, weil wir unsere Endlichkeit nicht abschütteln können und weil niemand von uns imstande ist, die Macht des Bösen, der Schuld aus der Welt zu schaffen, die immerfort – wir sehen es – Quell von Leiden ist. Das könnte nur Gott: Nur ein Gott, der selbst in die Geschichte eintritt, Mensch wird und in ihr leidet. Wir wissen, dass es diesen Gott gibt … *(Enzyklika Spe salvi, 30.11.2007)*

CHRISTUS IST DER WAHRE „ARZT" der Menschheit … (Seine) Wunderzeichen an den Leidenden bestätigen die „gute Nachricht" vom Reich Gottes … „Wenn du willst, kannst du machen, dass ich rein werde", sagt der Aussätzige. „Ich will es – werde rein!", antwortet ihm Jesus, berührt ihn mit seiner Hand und befreit ihn vom Aussatz (vgl. Mk 1,40–42). Hier sehen wir gewissermaßen die gesamte Heilsgeschichte konzentriert: Jene Geste Jesu, der die Hand ausstreckt und den mit Wunden bedeckten Körper des ihn um Hilfe bittenden Menschen berührt, ist vollendeter Ausdruck des Willens Gottes, sein gefallenes Geschöpf wiederherzustellen und ihm das Leben in Fülle wiederzugeben … Christus ist die „Hand" Gottes, die sich der Menschheit entgegenstreckt, damit diese aus dem Treibsand von Krankheit und Tod herausfindet …

(Angelus, 12.2.2006)

GERADE WO MENSCHEN im Versuch der Leidvermeidung sich allem zu entziehen suchen, was Leid bedeuten könnte, sich die Mühsal und den Schmerz der Wahrheit, der Liebe, des Guten ersparen wollen, treiben sie in ein leeres Leben hinein, in dem es vielleicht kaum Schmerz, umso mehr aber das dumpfe Gefühl der Sinnlosigkeit und der Verlorenheit gibt. Nicht die Vermeidung des Leidens, nicht die Flucht vor dem Leiden heilt den Menschen, sondern die Fähigkeit, das Leiden anzunehmen und in ihm zu reifen, in ihm Sinn zu finden durch die Vereinigung mit Christus, der mit unendlicher Liebe gelitten hat. *(Enzyklika Spe salvi, 30.11.2007)*

DIE RICHTIGE ANTWORT auf das Leid am Ende des Lebens ist Zuwendung, Sterbebegleitung – besonders auch mit Hilfe der Palliativmedizin – und nicht „aktive Sterbehilfe". *(In der Wiener Hofburg, 7.9.2007)*

Das Maß der Humanität ist
das Verhältnis zum Leid

CHRISTUS ist in die „Hölle" hinabgestiegen, und so ist er bei dem, der dorthin geworfen wird, da und macht ihm die Finsternis zu Licht. Das Leid, die Qualen bleiben furchtbar und nahezu unerträglich. Aber der Stern der Hoffnung ist aufgegangen – der Anker des Herzens reicht bis zum Thron Gottes. Nicht das Böse wird im Menschen entbunden, sondern das Licht siegt: Leid wird – ohne aufzuhören, Leid zu sein – dennoch zu Lobgesang.

(Enzyklika Spe salvi, 30.11.2007)

WIR WISSEN LEIDER: Lang ertragenes Leiden zerbricht auch das bestgesicherte Gleichgewicht eines Lebens, erschüttert die festesten Grundlagen des Vertrauens und lässt einen sogar manchmal am Sinn und Wert des Lebens zweifeln. Es gibt Kämpfe, die der Mensch allein, ohne Hilfe der göttlichen Gnade, nicht bestehen kann. Wenn das Reden nicht mehr die richtigen Worte zu finden vermag, zeigt sich die Notwendigkeit einer liebenden Anwesenheit: Wir suchen dann nicht nur die Nähe derjenigen, die mit uns verwandt oder uns durch Freundschaft verbunden sind, sondern auch die Nähe jener, die uns durch das Band des Glaubens vertraut sind … Ich möchte denen, die leiden, und denen, die zu kämpfen haben und versucht sind, dem Leben den Rücken zu kehren, voll Demut sagen: Wendet Euch Maria zu! Im Lächeln der Jungfrau findet sich geheimnisvoll verborgen die Kraft, um den Kampf gegen die Krankheit und für das Leben weiterzuführen.

(In Lourdes, 15.9.2008)

DAS MASS DER HUMANITÄT bestimmt sich ganz wesentlich im Verhältnis zum Leid und zum Leidenden. Das gilt für den einzelnen wie für die Gesellschaft. Eine Gesellschaft, die die Leidenden nicht annehmen und nicht im Mitleiden helfen kann, Leid auch von innen zu teilen und zu tragen, ist eine grausame und inhumane Gesellschaft. Aber die Gesellschaft kann die Leidenden nicht annehmen und sie nicht in ihrem Leiden tragen, wenn die Einzelnen dies nicht können, und wiederum der

Einzelne kann das Leid des anderen nicht annehmen, wenn er nicht selbst im Leiden Sinn, einen Weg der Reinigung und der Reifung, einen Weg der Hoffnung zu finden vermag. Denn Annehmen des anderen, der leidet, bedeutet, dass ich mir sein Leid selbst zueigne, dass es auch mein Leiden wird. Eben dadurch aber, dass es nun geteiltes Leid geworden ist, dass ein anderer in ihm da ist, dringt das Licht der Liebe in dieses Leiden ein ... *(Enzyklika Spe salvi, 30.11.2007)*

ABER WAS BEDEUTET ES, Christus zu lieben? Es bedeutet, ihm auch in der Stunde der Prüfung zu vertrauen, ihm auch auf dem *Kreuzweg* treu nachzufolgen, in der Hoffnung, dass bald der Morgen der Auferstehung kommen wird. Wenn wir uns Christus anvertrauen, verlieren wir nichts und gewinnen alles. In seinen Händen erhält unser Leben seinen wahren Sinn. *(Predigt in Warschau, 26.5.2006)*

Könnten wir doch die Geduld
Gottes verstehen

IM ALTEN ORIENT war es üblich, dass die Könige sich als Hirten ihrer Völker bezeichneten. Dies war ein Bild ihrer Macht, ein zynisches Bild: Die Völker waren wie Schafe für sie, über die der Hirte verfügt. Der wahre Hirte aller Menschen, der lebendige Gott, ist selbst zum Lamm geworden, er hat sich auf die Seite der Lämmer, der Getretenen und Geschlachteten gestellt. Gerade so zeigt er sich als der wirkliche Hirt … Nicht die Gewalt erlöst, sondern die Liebe. Sie ist das Zeichen Gottes, der selbst die Liebe ist. Wie oft wünschten wir, dass Gott sich stärker zeigen würde. Dass er dreinschlagen würde, das Böse ausrotten und die bessere Welt schaffen. Alle Ideologien der Gewalt rechtfertigen sich mit diesen Motiven: Es müsse auf solche Weise zerstört werden, was dem Fortschritt und der Befreiung der Menschheit entgegenstehe. Wir leiden unter der Geduld Gottes. Und doch brauchen wir sie alle. Der Gott, der Lamm wurde, sagt es uns: Die Welt wird durch den Gekreuzigten und nicht durch die Kreuziger erlöst. Die Welt wird durch die Geduld Gottes erlöst und durch die Ungeduld der Menschen verwüstet. *(Bei der Amtseinführung, 24.4.2005)*

DAS BUSSSAKRAMENT ist einer der kostbaren Schätze der Kirche, weil sich nur in der Vergebung die wahre Erneuerung der Welt vollzieht. Nichts kann in der Welt besser werden, wenn nicht das Böse überwunden wird. Und das Böse kann nur durch die Vergebung überwunden werden. Es muss natürlich eine wirksame Vergebung sein. Aber diese Vergebung kann uns allein der Herr gewähren. Eine Vergebung, die das Böse nicht nur mit schönen Worten aus dem Weg räumt, sondern es wirklich zerstört. Das aber kann nur durch das Leiden geschehen, und es ist tatsächlich geschehen durch die leidende Liebe Christi, aus der wir die Vollmacht zur Vergebung schöpfen. *(An Pfingsten im Petersdom, 15.5.2005)*

WARUM WAR ES NÖTIG zu leiden, um die Welt zu retten? Es war nötig, weil es in der Welt einen Ozean des Bösen, der Ungerechtigkeit, des Hasses und der Gewalt gibt. Und die vielen Opfer des Hasses und der Ungerechtigkeit haben ein Recht darauf, dass Gerechtigkeit geschaffen wird. Gott kann diesen Schrei der Leidenden nicht ignorieren, die von der Ungerechtigkeit unterdrückt werden. Vergeben heißt nicht ignorieren, sondern verwandeln, das heißt, Gott muss in diese Welt kommen und dem Ozean der Ungerechtigkeit einen noch größeren Ozean des Guten und der Liebe entgegensetzen. Und das ist das Ereignis des Kreuzes: Von diesem Augenblick an gibt es gegen den Ozean des Bösen einen unendlichen Strom, der immer größer ist als alle Ungerechtigkeiten der Welt … *(In Aosta, 24.7.2009)*

GIBT ES EINE GRENZE, an der die Macht des Bösen zunichte wird? Ja, es gibt sie … Die Macht, die dem Bösen eine Grenze setzt, ist die göttliche Barmherzigkeit. Der Gewalt, der Überheblichkeit des Bösen stellt sich in der Geschichte – als „das ganz Andere" Gottes, als Gottes eigene Macht – die göttliche

Barmherzigkeit entgegen. Das Lamm ist stärker als der Drache, könnten wir mit dem
Buch der Offenbarung sagen. *(An die Kurie,
22.12.2005)*

WANN WERDEN DIE MENSCHEN LERNEN, dass das
Leben unantastbar ist und allein Gott gehört?
Wann werden sie verstehen, dass wir alle
Brüder sind? Auf den Schrei aufgrund des
vergossenen Blutes, der sich aus so vielen Tei-
len der Erde erhebt, antwortet Gott mit dem
Blut seines Sohnes, der das Leben für uns hin-
gegeben hat. Christus hat nicht das Böse mit
Bösem vergolten, sondern mit dem Guten ...
(Angelus, 5.7.2009)

DIE SÜNDE ist ... eine Art Lähmung des Geistes ... *(Angelus, 22.2.2009)*

Gebet – reine Aufnahmebereitschaft

GOTTES LIEBE kann ihre Kraft nur entfalten,
wenn wir zulassen, dass sie uns von innen

her verändert. Wir müssen sie die harte Kruste unserer Gleichgültigkeit, unserer geistlichen Trägheit und unserer blinden Anpassung an den Geist dieser Zeit durchbrechen lassen … Aus diesem Grund ist das Gebet so wichtig … Gebet ist reine Aufnahmebereitschaft für Gottes Gnade, Liebe in Aktion …
(In Sydney, 20.7.2008)

GEBET ist gelebte Hoffnung. *(In Amman, 8.5.2009)*

WENN NIEMAND MEHR mir zuhört, hört Gott mir immer noch zu. Wenn ich zu niemand mehr reden, niemanden mehr anrufen kann – zu Gott kann ich immer reden … Wenn ich in eine letzte Einsamkeit verstoßen bin: Der Betende ist nie ganz allein. *(Enzyklika Spe salvi, 30.11.2007)*

DIE INNERE LEERE – die Schwäche des inneren Menschen – gehört zu den großen Problemen unserer Zeit. Die Innerlichkeit muss stärker werden – die Wahrnehmungsfähigkeit des Herzens; die Fähigkeit, Welt und Menschen von innen her, mit dem Herzen zu sehen und zu verstehen. Wir brauchen einen vom Herzen erleuchteten Verstand, um das Tun der Wahrheit in Liebe zu erlernen. Das gibt es nicht ohne inneren Umgang mit Gott, ohne das Leben des Gebets … Und wir können nicht zu Gott reden im Gebet, wenn wir nicht zuerst ihn selbst reden lassen und ihm zuhören in seinem Wort, das er uns geschenkt hat. *(Predigt in St. Paul vor den Mauern, 28.6.2009)*

DARUM GEHT ES in unserem Beten und in unserem Leben: Diese rechte Ordnung der Wirklichkeit zu erlernen, sie von innen her anzunehmen; Gott zu trauen, dass er das Rechte tut … *(Predigt auf dem Petersplatz, 5.4.2009)*

DIE JÜNGER werden … in Gott hineingezogen … Das Wort Gottes ist gleichsam das Bad, das sie reinigt, die schöpferische Macht, die sie umformt in Gottes Sein hinein. Und wie ist es da mit uns? Sind wir wirklich durchtränkt vom Wort Gottes? Ist es wirklich die Nahrung, von der wir leben, mehr als vom Brot und von den Dingen dieser Welt?

Kennen wir es wirklich? Lieben wir es? Gehen wir innerlich damit um, so dass es wirklich unser Leben prägt, unser Denken formt? Oder formt sich unser Denken nicht doch immer wieder aus alledem, was man sagt, was man tut? Sind nicht doch oft genug die herrschenden Meinungen der Maßstab, an dem wir uns messen? *(Predigt am Gründonnerstag, 9.4.2009)*

Rechtes Beten ist ein Vorgang der inneren Reinigung, der uns gottfähig und so gerade auch menschenfähig macht. Im Beten muss der Mensch lernen, was er von Gott wirklich erbitten darf – was Gottes würdig ist. Er muss lernen, dass er nicht gegen den anderen beten kann. Er muss lernen, dass er nicht um die oberflächlichen und bequemen Dinge bitten darf, die er sich gerade wünscht – die falsche kleine Hoffnung, die ihn von Gott wegführt. Er muss seine Wünsche und Hoffnungen reinigen. Er muss sich von seinen stillen Lügen befreien, mit denen er sich selbst betrügt: Gott durchschaut sie, und die Konfrontation mit Gott nötigt ihn, sie selbst zu erkennen.
(Enzyklika Spe salvi, 30.11.2007)

WIR WERDEN
VORWÄRTSGEZOGEN

Unser Leben ist weiter angelegt

JEDER VON UNS ist ein Pilger. Wir alle werden
zu einem Zweck auf Gottes Pfad vorwärts-
gezogen. *(In Amman, 8.5.2009)*

PILGERN heißt: eine Richtung haben, auf ein
Ziel zugehen. Dies gibt auch dem Weg und
seiner Mühsal seine Schönheit … Der Auf-
bruch zum christlichen Glauben, der Anfang
der Kirche Jesu Christi, ist möglich geworden, weil es in Israel Menschen des suchen-
den Herzens gab … Dieses unruhige und offene Herz brauchen wir … Auch heute reicht
es nicht aus, irgendwie so zu sein und zu
denken wie alle anderen. Unser Leben ist
weiter angelegt. Wir brauchen Gott, den
Gott, der uns sein Gesicht gezeigt und sein
Herz geöffnet hat: Jesus Christus. *(Bei der Messe
in Mariazell, 8.9.2007)*

WIE KÖNNTEN WIR ohne den „Gott-mit-uns", den nahen Gott, die Pilgerreise des Daseins sowohl als Einzelne als auch als Gesellschaft und Völkerfamilie durchhalten? ... Gott hat uns als freie Wesen geschaffen, uns aber nicht alleine gelassen: Er hat sich selbst zum „Weg" gemacht und ist gekommen, um mit uns zu gehen ... *(Predigt vor San Giovanni, 22.5.2008)*

VIELE MENSCHEN heute sind Suchende. Wir selber sind es auch. Im Grunde muss in unterschiedlicher Dialektik immer beides da sein. Wir müssen Ehrfurcht haben vor dem Suchen der Menschen, dieses Suchen unterstützen, sie fühlen lassen, dass der Glaube nicht einfach ein fertiger Dogmatismus ist, der das Suchen, den großen Durst des Menschen auslöscht, sondern dass er erst die große Pilgerschaft ins Unendliche bringt, dass wir gerade als Glaubende immer Suchende und Findende zugleich sind. *(An Bischöfe in Köln, 21.8.2005)*

ICH SAGE EUCH: Habt Mut! Wagt endgültige Entscheidungen, denn in Wahrheit stehen sie der Freiheit nicht entgegen, sondern sie lenken sie vielmehr in die richtige Bahn. Sie machen es möglich, voranzugehen und etwas Großes im Leben zu erreichen. Das Leben hat zweifellos nur dann einen Wert, wenn ihr den Mut zum Abenteuer habt, wenn ihr darauf vertraut, dass der Herr euch niemals verlassen wird. *(An die Jugend von Angola, Luanda, 21.3.2009)*

Die Heiligen –
Sternbilder unseres Lebens

WIE FINDEN WIR die Straße des Lebens? Es erscheint wie eine Fahrt auf dem oft dunklen und stürmischen Meer der Geschichte, in der wir Ausschau halten nach den Gestirnen, die uns den Weg zeigen. Die wahren Sternbilder unseres Lebens sind die Menschen, die recht zu leben wussten. *(Enzyklika Spe salvi, 30.11.2007)*

ZUR GEMEINSCHAFT der Heiligen gehören nicht nur die großen Gestalten, die uns vorangegangen sind und deren Namen wir kennen. Die Gemeinschaft der Heiligen sind wir alle, die wir auf den Namen von Vater, Sohn und Heiligem Geist getauft sind und die wir von der Gabe des Fleisches und Blutes Christi leben, durch die er uns verwandeln und sich gleich gestalten will. Ja, die Kirche lebt ... Und die Kirche ist jung. Sie trägt die Zukunft der Welt in sich und zeigt daher auch jedem Einzelnen den Weg in die Zukunft. *(Bei der Amtseinführung, 24.4.2005)*

(ES IST DIE) GROSSE SCHAR der Heiligen, der bekannten und der unbekannten, in denen der Herr das Evangelium die Geschichte hindurch aufgeblättert hat und aufblättert. In ihrem Leben kommt wie in einem großen Bilderbogen der Reichtum des Evangeliums zum Vorschein. Sie sind die Lichtspur Gottes, die er selbst durch die Geschichte gezogen hat und zieht ... *(In Köln, 20.8.2005)*

DIE HEILIGEN sind die wahren Reformer ... Nur von den Heiligen, nur von Gott her kommt die wirkliche Revolution, die grundlegende Änderung der Welt. Wir haben im abgelaufenen Jahrhundert die Revolutionen erlebt, deren gemeinsames Programm es war, nicht mehr auf Gott zu warten, sondern die Sache der Verfassung der Welt ganz selbst in die Hände zu nehmen. Und wir haben gesehen, dass damit immer ein menschlicher, ein parteilicher Standpunkt zum absoluten Maßstab genommen wurde. Das Absolutsetzen dessen, was nicht absolut, sondern relativ ist, heißt Totalitarismus. Es macht den Menschen nicht frei, sondern entehrt ihn und versklavt ihn. Nicht die Ideologien retten die Welt, sondern allein die Hinwendung zum lebendigen Gott, der unser Schöpfer, der Garant unserer Freiheit, der Garant des wirklich Guten und Wahren ist. Die wirkliche Revolution besteht allein in der radikalen Hinwendung zu Gott ... *(In Köln, 20.8.2005)*

IST IN UNSEREN TAGEN die Heiligkeit noch aktuell? Ist das nicht vielmehr ein wenig attraktives und unwichtiges Thema? Sucht man heute nicht eher den Erfolg und das Ansehen bei den Menschen? Aber wie lange bleibt der irdische Erfolg bestehen, und was ist er wert? … Wer Gott geleugnet hat und ihn weiter leugnet und deshalb auch den Menschen nicht achtet, scheint ein leichtes Leben zu haben und materiellen Erfolg zu erzielen. Aber es genügt, an der Oberfläche zu kratzen, um festzustellen, dass in diesen Menschen Traurigkeit und Unzufriedenheit herrscht … Wir brauchen heute Menschen, die „gläubig" und „glaubwürdig" sind, dazu bereit, in jedem Bereich der Gesellschaft jene christlichen Prinzipien und Ideale zu verbreiten, von denen sie sich in ihrem Handeln leiten lassen. Das ist die Heiligkeit, eine allgemeine Berufung aller Getauften … Es reicht nicht, einen guten und ehrlichen Eindruck zu machen; man muss es wirklich sein. Gut und ehrlich ist der, der nicht mit seinem Ich das Licht Gottes verdeckt … *(Predigt in Altbunzlau/Tschechien, 28.9.2009)*

Das lebendige Haus Gottes: Maria

DER GEIST, der „über Maria kam" (vgl. Lk 1,35), ist derselbe Geist, der zu Beginn der Schöpfung über den Wassern schwebte (vgl.

Gen 1,2). Wir werden daran erinnert, dass die Inkarnation ein neuer schöpferischer Akt war. Als unser Herr Jesus Christus durch die Kraft des Heiligen Geistes im jungfräulichen Schoß Marias empfangen wurde, vereinte sich Gott selbst mit unserem geschaffenen Menschsein, trat in eine dauerhafte neue Verbindung mit uns und leitete eine neue Schöpfung ein. Die Erzählung von der Verkündigung zeigt Gottes außerordentliche Feinfühligkeit. Er drängt sich nicht auf, er bestimmt nicht einfach im voraus, welche Rolle Maria in seinem Heilsplan für uns spielen soll: Er sucht zuerst ihr Einverständnis. *(In Nazareth, 14.5.2009)*

„FREUE DICH, SEI FROH." Es ist das erste Wort, das im Neuen Testament als solchem erklingt ... Erst mit diesem Dialog, den der Engel Gabriel mit Maria führt, beginnt das Neue Testament wirklich. Wir können also sagen, dass das erste Wort des Neuen Testaments eine Einladung zur Freude ist: „Freue dich!" *(In einer römischen Pfarrei, 18.12.2005)*

SIE IST DAS LEBENDIGE Haus Gottes, der nicht in steinernen Häusern wohnt, sondern im Herzen des lebendigen Menschen … Je näher der Mensch Gott ist, desto näher ist er den Menschen. Das sehen wir an Maria. Der Umstand, dass sie ganz bei Gott ist, ist der Grund dafür, dass sie auch den Menschen so nahe ist. Deshalb kann sie die Mutter jeden Trostes und jeder Hilfe sein: Jeder kann es in seiner Schwachheit und Sünde wagen, sich in jeder Art von Not an diese Mutter zu wenden, denn sie hat Verständnis für alles und ist die für alle offene Kraft der schöpferischen Güte. Ihr hat Gott sein Bild aufgeprägt, das Bild dessen, der dem verlorenen Schaf bis in die Berge und bis in die Stacheln und Dornen der Sünden dieser Welt nachgeht, indem er sich von der Dornenkrone dieser Sünden verwunden lässt, um das Schaf auf seine Schultern zu nehmen und es nach Hause zu tragen. Als Mutter, die mitleidet, ist Maria die vorweggenommene Gestalt und das bleibende Bildnis des Sohnes. *(Im Petersdom, 8.12.2005)*

NIE TRÜBT oder mindert die wahre Marienverehrung den Glauben an unseren Erlöser Jesus Christus und die Liebe zu ihm, dem einzigen Mittler zwischen Gott und den Menschen. Im Gegenteil, die vertrauensvolle Hingabe an die Muttergottes ist der beste, von zahlreichen Heiligen erprobte Weg einer treueren Nachfolge des Herrn. *(In den Vatikanischen Gärten, 31.5.2006)*

(MARIAS) GROSSARTIGER GESANG ... beginnt mit dem Wort „Magnificat": Meine Seele „macht den Herrn groß" ... Maria möchte, dass der Herr in der Welt, in ihrem Leben groß ist, dass er unter uns allen gegenwärtig ist. Sie hat keine Angst, dass der Herr ein „Konkurrent" in unserem Leben sein könnte, dass er uns durch seine Größe etwas von unserer Freiheit, unserem Lebensraum nehmen könnte. Sie weiß, dass wenn Gott groß ist, auch wir groß sind ... Maria wurde mit Leib und Seele in den Himmel aufgenommen: Auch für den Leib ist in Gott Raum. Der Himmel ist für uns nicht mehr eine weit entfernte und unbekannte Sphäre. Wir haben eine Mutter im Himmel ... Ist sie etwa dadurch weit von uns entfernt? Das Gegenteil ist wahr. Denn gerade weil sie mit Gott und in Gott ist, ist sie jedem von uns ganz nahe. *(In Castel Gandolfo, 15.8.2005)*

DIESE FRAU (in der „Offenbarung des Johannes"), die leidet, die fliehen muss, die mit einem Schmerzensschrei gebiert, ist auch die Kirche, die pilgernde Kirche aller Zeiten; in allen Generationen muss sie aufs Neue Christus gebären, ihn unter großen Schmerzen zur Welt bringen, auf diese leidvolle Weise. Zu allen Zeiten verfolgt lebt sie gleichsam in der Wüste, vom Drachen verfolgt … Gewiss sehen wir, dass auch heute der Drache den Gott, der ein Kind geworden ist, verschlingen will. Habt keine Angst um diesen scheinbar schwachen Gott. Der Kampf ist bereits ausgetragen. Auch heute ist dieser schwache Gott stark: Er ist die wahre Kraft. *(In Castel Gandolfo, 15.8.2007)*

Weihnachten: Gott kommt „von innen",
nicht „von oben"

GOTT HAT SICH KLEIN gemacht für uns. Gott kommt nicht mit äußerer Macht, sondern er kommt in der Ohnmacht seiner Liebe, die seine Macht ist. Er gibt sich in unsere Hände … Er bietet uns das Du an. *(In Mariazell, 8.9.2007)*

DER SCHÖPFER hat in Jesus die Kleinheit eines Kindes angenommen, eines Menschen wie wir, um sichtbar und berührbar zu werden. Zugleich mit diesem Kleinwerden hat Gott das Licht seiner Größe erstrahlen lassen. Denn gerade dadurch, dass er bis zur wehrlosen Machtlosigkeit der Liebe hinabsteigt, zeigt er, was wahre Größe ist, ja was es heißt, Gott zu sein. *(Predigt in der Sixtinischen Kapelle, 11.1.2009)*

(GOTT HAT) AUF EINE JEDE menschliche Hoffnung und Erwartung übersteigende Weise gezeigt, dass er seinen Versprechen treu ist. Mit der Geburt seines Sohnes hat er das Kommen eines Reiches der Liebe offenbart: einer göttlichen Liebe, die sich herabbeugt, um Heilung zu bringen und uns aufzurichten; einer Liebe, die sich in der Demütigung und Schwäche des Kreuzes offenbart und die doch in einer glorreichen Auferstehung zu neuem Leben den Sieg davonträgt. Christus hat ein Reich gebracht, das nicht von dieser Welt ist, das aber die Welt zu verändern vermag, weil es die Macht hat, die Herzen zu verwandeln … *(In Bethlehem, 13.5.2009)*

DER, DEM NIEMAND GLEICHT, „der in der Höhe thront", er schaut hernieder. Er beugt sich herunter. Er sieht uns, und er sieht mich. Dieses Herabschauen Gottes ist mehr als ein Blick aus der Höhe. Gottes Sehen ist Tun. Dass er mich sieht, mich ansieht, verändert mich und die Welt um mich herum. *(Christmette im Petersdom, 25.12.2008)*

DAS KOMMEN des von den Propheten angekündigten Messias ist das in qualitativer Hinsicht wichtigste Ereignis der gesamten Geschichte, der es ihren letzten und vollen Sinn verleiht. Nicht die geschichtlich-politischen

Koordinaten sind es, die die Entscheidungen Gottes bedingen, im Gegenteil, es ist vielmehr das Ereignis der Menschwerdung, das die Geschichte mit Wert und Bedeutung „erfüllt". Das können wir, die wir zweitausend Jahre nach diesem Ereignis kommen, sozusagen auch „a posteriori" sagen, nachdem wir die gesamte Geschichte Jesu bis zu seinem Tod und seiner Auferstehung kennengelernt haben. Wir sind gleichzeitig Zeugen seiner Herrlichkeit und seiner Demut, des unermesslichen Wertes seines Kommens und der unendlichen Achtung Gottes für uns Menschen und unsere Geschichte ... (Gott) hat die Zeit nicht erfüllt, indem er sich von oben, sondern vielmehr „von innen" in sie ergossen hat ... *(Im Petersdom, 31.12.2006)*

Das Kreuz – Gott macht uns zu seinen Blutsverwandten

DAS KREUZZEICHEN ist gewissermaßen die Zusammenfassung unseres Glaubens, denn es sagt uns, wie weit Gottes Liebe zu uns gegangen ist; es sagt uns, dass es auf der Welt eine Liebe gibt, die stärker ist als der Tod, stärker als unsere Schwächen und unsere Sünden. Die Kraft der Liebe ist stärker als das Böse, das uns bedroht. Das ist das Geheimnis der Universalität der Liebe Gottes zu den Menschen ... Sind wir in der Lage zu verstehen, dass im Gekreuzigten von Golgota unsere Würde als Kinder Gottes liegt ... ? *(In Lourdes, 14.9.2008)*

DER WIRKLICHE HIRT ist derjenige, der auch den Weg durch das Tal des Todes kennt; der auf der Straße der letzten Einsamkeit, in der niemand mich begleiten kann, mit mir geht und mich hindurchführt: Er hat sie selbst durchschritten, diese Straße ... *(Enzyklika Spe salvi, 30.11.2007)*

DASS DIE ALTEN Übersetzungen der Bibel nicht von Bund, sondern von Testament sprechen, hat seinen Grund darin, dass da nicht zwei gleichberechtigte Partner einander begegnen, sondern der unendliche Abstand von Gott und Mensch waltet. Was wir Neuen und Alten Bund nennen, ist nicht ein Akt der Partnerschaft zwischen zwei gleichen Partnern, sondern reines Geschenk von Gott her, der uns seine Liebe – sich selbst – vermacht. Freilich – durch dieses Geschenk seiner Liebe macht er uns dann über allen Abstand hinweg wirklich zu Partnern, vollzieht sich das hochzeitliche Geheimnis der Liebe. Damit wir verstehen können, was in der Tiefe da geschieht, müssen wir noch genauer auf die Worte der Bibel und auf ihre ursprüngliche Bedeutung hören. Da sagen uns die Forscher, dass „einen Bund herstellen" in der frühen Zeit, von der die Geschichten der Väter Israels sprechen, die Bedeutung hat: „in einen fremden Blutsverband eintreten bzw. den Partner in den eigenen Verband einbeziehen und so in Rechtsgemeinschaft miteinander treten". Auf diese Weise wird eine reale, wenn auch nicht materielle Blutsverwandtschaft geschaffen … Ahnen wir nun, was in der Stunde des Abendmahls geschah und seither sich immer wieder vollzieht, wenn wir Eucharistie feiern? Gott, der lebendige Gott, tritt mit uns in eine Gemeinschaft des

Friedens, mehr, er schafft „Blutsverwandtschaft" zwischen sich und uns. Durch Jesu Menschwerdung, durch sein vergossenes Blut sind wir in eine ganz reale Blutsverwandtschaft mit Jesus und so mit Gott selbst hineingezogen. *(Predigt am Gründonnerstag, 9.4.2009)*

(JESU) „RACHE" ist das Kreuz: das Nein zur Gewalt, die „Liebe bis zum Ende". Diesen Gott brauchen wir. Wir verletzen nicht den Respekt vor anderen Religionen und Kulturen, wir verletzen nicht die Ehrfurcht vor ihrem Glauben, wenn wir uns laut und eindeutig zu dem Gott bekennen, der der Gewalt sein Leiden entgegengestellt hat, der dem Bösen und seiner Macht gegenüber als Grenze und Überwindung sein Erbarmen aufrichtet. *(In München, 10.9.2006)*

Ostern: Die Schwerkraft des Lebens ist stärker

DIE AUFERSTEHUNG JESU ist eine Eruption des Lichts. Tod wird überwunden, das Grab aufgerissen. Der Auferstandene selbst ist Licht, das Licht der Welt. Mit der Auferstehung tritt der Tag Gottes in die Nächte der Geschichte hinein. Von der Auferstehung her verbreitet sich Gottes Licht durch die Welt und die Geschichte. Es wird Tag. *(Predigt im Petersdom in der Osternacht, 11.4.2009)*

Seit Christus auferstanden ist, ist die Gravitation der Liebe stärker als die des Hasses; die Schwerkraft des Lebens ist stärker als die des Todes. Ist das nicht wirklich die Situation der Kirche aller Zeiten, unsere Situation? Immer scheint sie untergehen zu müssen, und immer ist sie schon gerettet. „Wir sind wie Sterbende und seht: wir leben", hat der heilige Paulus diese Situation formuliert (2 Kor 6,9). *(Predigt im Petersdom in der Osternacht, 11.4.2009)*

JESUS WAR NICHT SPARTAKUS – CHRISTEN UND GESELLSCHAFT

Die Welt von innen her umgestalten

DER GLAUBE will uns nicht Angst machen, aber er will uns zur Verantwortung rufen. Wir dürfen unser Leben nicht verschleudern, nicht missbrauchen, es nicht einfach für uns selber nehmen; Unrecht darf uns nicht gleichgültig lassen, wir dürfen nicht seine Mitläufer oder sogar Mittäter werden. Wir müssen unsere Sendung in der Geschichte wahrnehmen und versuchen, dieser unserer Sendung zu entsprechen. Nicht Angst, aber Verantwortung – Verantwortung und Sorge um unser Heil, um das Heil der ganzen Welt ist notwendig. *(In Regensburg, 12.9.2006)*

DIE MENSCHLICHE PERSON ist ein Wesen in Beziehung. Wenn die grundlegende Beziehung – die Beziehung mit Gott – nicht lebendig ist, nicht gelebt wird, können auch alle anderen Beziehungen nicht ihre rechte Form finden.

Aber dies gilt auch für die Gesellschaft, für die Menschheit als solche. Wenn Gott fehlt, wenn man von Gott absieht, wenn Gott abwesend ist, dann fehlt auch hier der Kompass, um das Ganze aller Beziehungen zu zeigen, um den Weg zu finden ... *(In Aosta, 24.7.2009)*

(MIT DEM „REICH GOTTES") ist nicht irgendein Reich gemeint, das irgendwann einmal kommt, sondern damit ist gemeint, dass Gott jetzt bestimmend werden muss für unser Leben und Handeln. Darum bitten wir, wenn wir sagen: Dein Reich komme; wir beten nicht um irgendetwas Entferntes, das wir selber eigentlich gar nicht zu erleben wünschen. Wir beten vielmehr darum, dass jetzt Gottes Wille unseren Willen bestimme und so Gott in der Welt herrsche; also darum beten wir, dass Recht und Liebe entscheidend werden in der Ordnung der Welt. Eine solche Bitte richtet sich natürlich zuerst an Gott, aber sie rüttelt auch an unser eigenes Herz ... Wenn alle von Gott her denken und leben, dann werden wir gleich, und dann werden wir frei,

und dann entsteht die wahre Geschwister-
lichkeit. *(In München, 10.9.2006)*

DAS CHRISTENTUM hatte keine sozialrevolu-
tionäre Botschaft gebracht, etwa wie die, mit
der Spartakus in blutigen Kämpfen geschei-
tert war. Jesus war nicht Spartakus, er war
kein Befreiungskämpfer ... Was Jesus, der
selbst am Kreuz gestorben war, gebracht hatte, war etwas ganz anderes: die Begegnung
mit dem Herrn aller Herren, die Begegnung
mit dem lebendigen Gott und so die Begegnung mit einer Hoffnung, die stärker war als
die Leiden der Sklaverei und daher von innen
her das Leben und die Welt umgestaltete. *(Enzyklika Spe salvi, 30.11.2007)*

DIE DERZEITIGE GLOBALE Wirtschaftskrise
muss ... als Bewährungsprobe betrachtet
werden: Sind wir bereit, sie in ihrer Gesamtheit als Herausforderung für die Zukunft zu
sehen und nicht nur als einen Notstand, für
den begrenzte Antworten gefunden werden
müssen? Sind wir bereit, gemeinsam das herr-
schende Entwicklungssystem einer grundle-

genden Prüfung zu unterziehen, um es in aufeinander abgestimmter und weitsichtiger
Weise zu korrigieren? Das fordern – in Wirklichkeit noch mehr als die unmittelbaren fi-
nanziellen Schwierigkeiten – der ökologische
Gesundheitszustand des Planeten und vor allem die kulturelle und moralische Krise, deren Symptome seit langem in allen Teilen der
Welt offensichtlich sind. *(Predigt im Petersdom,*
1.1.2009)

Marx vergaß, dass der Mensch ein Mensch bleibt

(KARL MARX) hat zwar sehr präzise gezeigt,
wie der Umsturz zu bewerkstelligen ist. Aber
er hat uns nicht gesagt, wie es dann weiter-
gehen soll ... Er hat vergessen, dass der
Mensch immer ein Mensch bleibt. Er hat den
Menschen vergessen, und er hat seine Freiheit vergessen. Er hat vergessen, dass die Freiheit immer auch Freiheit zum Bösen bleibt.
Er glaubte, wenn die Ökonomie in Ordnung
sei, sei von selbst alles in Ordnung. Sein ei-

gentlicher Irrtum ist der Materialismus: Der Mensch ist eben nicht nur Produkt der ökonomischen Zustände, und man kann ihn allein von außen her, durch das Schaffen günstiger ökonomischer Bedingungen, nicht heilen. *(Enzyklika Spe salvi, 30.11.2007)*

DIE GERECHTEN STRUKTUREN sind ... eine unerlässliche Voraussetzung für eine gerechte Gesellschaft; aber weder entstehen sie, noch funktionieren sie ohne ein moralisches Einvernehmen der Gesellschaft über die Grundwerte und über die Notwendigkeit, diese Werte mit dem nötigen Verzicht, selbst gegen das persönliche Interesse, zu leben. Wo Gott fehlt – Gott mit dem menschlichen Antlitz Jesu Christi –, zeigen sich diese Werte nicht mit ihrer ganzen Kraft, und es kommt auch nicht zu einem Einvernehmen über sie. Ich will damit nicht sagen, dass Nichtgläubige keine hohe und vorbildliche Sittlichkeit leben können; ich sage nur, dass eine Gesellschaft, in der Gott nicht vorkommt, nicht das notwendige Einvernehmen über die sittlichen Werte und nicht die Kraft findet, um – auch gegen die eigenen Interessen – nach dem Vorbild dieser Werte zu leben. *(In Aparecida/Brasilien, 13.5.2007)*

GEWISS, wir können das Reich Gottes nicht selber „bauen" – was wir bauen, bleibt immer Menschenreich mit allen Begrenzungen, die im menschlichen Wesen liegen. Das Reich Gottes ist Geschenk … Aber bei allem Wissen um diesen „Mehrwert" des Himmels bleibt doch auch wahr, dass unser Tun nicht gleichgültig ist vor Gott und daher nicht gleichgültig für den Gang der Geschichte. Wir können uns und die Welt öffnen für das Hereintreten Gottes: der Wahrheit, der Liebe, des Guten … Dies behält Sinn, auch wenn wir äußerlich erfolglos bleiben … *(Enzyklika Spe salvi, 30.11.2007)*

ICH KANN DEM ANDEREN nicht von dem, was mein ist, „schenken", ohne ihm an erster Stelle das gegeben zu haben, was ihm rechtmäßig zusteht. Wer den anderen mit Nächstenliebe begegnet, ist vor allem gerecht zu ihnen. *(Enzyklika Caritas in veritate, 29.6.2009)*

DIE KIRCHE ist Anwältin der Gerechtigkeit und der Armen, eben weil sie sich weder mit den Politikern noch mit Parteiinteressen identifiziert. Nur wenn sie unabhängig ist, kann sie die großen Grundsätze und unabdingbaren Werte lehren … und eine Lebensoption anbieten, die über den politischen Bereich hinausgeht. *(In Aparecida/Brasilien, 13.5.2007)*

*Die Armen klopfen an die Türen
der Üppigkeit*

MAN KANN AUFGRUND verfügbarer statistischer Daten bestätigen, dass weniger als die Hälfte der ungeheuren Summen, die weltweit für Bewaffnung bestimmt sind, mehr als ausreichend wäre, um das unermessliche Heer der Armen dauerhaft aus dem Elend zu befreien. Das ist ein Aufruf an das menschliche Gewissen. *(An Diplomaten, 2.1.2006)*

WÄHREND VIELE gleich bereit sind, sich über Nebensächlichkeiten zu entrüsten, scheinen sie unerhörte Ungerechtigkeiten zu tolerieren. Während die Armen der Welt noch immer an die Türen der Üppigkeit klopfen, läuft die reiche Welt Gefahr, wegen eines Gewissens, das bereits unfähig ist, das Menschliche zu erkennen, jene Schläge an ihre Tür nicht mehr zu hören. *(Enzyklika Caritas in veritate, 29.6.2009)*

(OHNE GOTT) wird die Entwicklung entweder verweigert oder einzig der Hand des Menschen anvertraut, der in die Anmaßung der Selbst-Erlösung fällt und schließlich eine entmenschlichte Entwicklung fördert. Im übrigen gestattet nur die Begegnung mit Gott, nicht „im anderen immer nur den anderen zu sehen", sondern in ihm das göttliche Bild zu erkennen ... *(Enzyklika Caritas in veritate, 29.6.2009)*

DAS SOZIALE und das Evangelium sind einfach nicht zu trennen. Wo wir den Menschen nur Kenntnisse bringen, Fertigkeiten, technisches Können und Gerät, bringen wir zu wenig. Dann treten die Techniken der Gewalt ganz schnell in den Vordergrund, und die Fähigkeit zum Zerstören, zum Töten wird zur obersten Fähigkeit, zur Fähigkeit, um Macht zu erlangen, die dann irgendwann einmal das Recht bringen soll und es doch nicht bringen kann: Man geht so nur immer weiter fort von der Versöhnung, vom gemeinsamen Einsatz für die Gerechtigkeit und die Liebe. Die Maßstäbe, nach denen Technik in den Dienst des Rechts und der Liebe tritt, gehen dann verloren, aber auf diese Maßstäbe kommt alles an: Maßstäbe, die nicht nur Theorien sind, sondern das Herz erleuchten und so den Verstand und das Tun auf den rechten Weg bringen. *(In München, 10.9.2006)*

WENN DIE ENTWICKLUNG nicht den ganzen Menschen und jeden Menschen betrifft, ist sie keine wahre Entwicklung. *(Enzyklika Caritas in veritate, 29.6.2009)*

(DIE KIRCHE WILL) durch ihre Soziallehre in den Herzen der aus der Gesellschaft Ausgeschlossenen die Hoffnung wecken. Pflicht der Christen, besonders der Laien, die soziale, wirtschaftliche, politische Verantwortung haben, ist es auch, sich von der Soziallehre der Kirche leiten zu lassen, um zum Aufbau einer gerechteren Welt beizutragen, wo jeder in Würde leben können wird. *(An die Bischöfe von Kamerun, Yaounde, 18.3.2009)*

Globalisierung ist das, was wir aus ihr machen

DIE ZUNEHMEND globalisierte Gesellschaft macht uns zu Nachbarn, aber nicht zu Geschwistern. Die Vernunft für sich allein ist imstande, die Gleichheit unter den Menschen zu begreifen und ein bürgerliches Zusammenleben herzustellen, aber es gelingt ihr nicht, Brüderlichkeit zu schaffen. *(Enzyklika Caritas in veritate, 29.6.2009)*

HEUTE GIBT ES in der Welt durch die überall gleiche Technik, durch das weltweite Informationsnetz wie durch die Bündelung gemeinsamer Interessen neue Weisen der Einheit, die aber auch neue Gegensätze aufbrechen lassen und alten Gegensätzen neue Stoßkraft geben. Inmitten dieser Einheit von außen, vom Materiellen her brauchen wir umso mehr die Einheit von innen, die aus dem Frieden Gottes kommt – Einheit all derer, die durch Jesus Christus Geschwister geworden sind. *(Im Petersdom, 29.6.2008)*

TROTZ EINIGER ihrer strukturell bedingten Dimensionen, die nicht zu leugnen sind, aber auch nicht verabsolutiert werden dürfen, ist die Globalisierung a priori weder gut noch schlecht. Sie wird das sein, was die Menschen aus ihr machen. Wir dürfen nicht Opfer sein, sondern müssen Gestalter werden … Der Bereich der Wirtschaft ist weder moralisch neutral noch von seinem Wesen her unmenschlich und antisozial. Er gehört zum Tun des Menschen und muss, gerade weil er menschlich ist, nach moralischen Gesichtspunkten strukturiert und institutionalisiert werden. *(Enzyklika Caritas in veritate, 29.6.2009)*

NICHT DIE WISSENSCHAFT –
DIE LIEBE ERLÖST UNS

Freiheit ist kein Aussteigen

FREIHEIT IST KEIN AUSSTEIGEN. Es ist ein Einsteigen – eine Teilhabe am Sein selbst. Daher kann echte Freiheit niemals dadurch erlangt werden, dass man sich von Gott abwendet. Eine solche Entscheidung würde letztlich die eigentliche Wahrheit missachten, die wir brauchen, um uns selbst zu verstehen. *(In Washington D.C., 17.4.2008)*

WENN DER MENSCH sich Gottes zu entledigen versucht und sich nicht mehr von ihm das Heil erwartet, dann glaubt er, das tun zu können, was ihm gefällt. Er wird sich zum alleinigen Maß seiner selbst und seines Handelns machen. Aber wird der Mensch dann wirklich glücklich, wenn er Gott aus seinem Horizont fernhält, Gott für „tot" erklärt? Wird er dadurch wirklich freier? ... Ist es dann nicht eher so – wie es ja die täglichen Nachrichten immer wieder zeigen –, dass sich die Willkür der Macht, egoistische Interessen, Unrecht, Ausbeutung und Gewalt in all ihren Ausdrucksformen ausbreiten? *(Im Petersdom, 5.10.2008)*

Im Jahr 1989 wurde die Welt … auf dramatische Weise Zeuge des Sturzes einer gescheiterten totalitären Ideologie und des Sieges des menschlichen Geistes. Die Sehnsucht nach Freiheit und Wahrheit ist unveräußerlich Teil unseres gemeinsamen Menschseins. Sie kann nie ausgelöscht werden; und wenn sie geleugnet wird, dann gerät, wie es die Geschichte gezeigt hat, das Menschsein selbst in Gefahr. *(An Akademiker in Prag, 27.9.2009)*

Freiheit ist immer geteilte Freiheit

(Erst durch die Zehn Gebote am Berg Sinai) war das Befreiungswerk, das mit dem Auszug aus Ägypten begonnen hatte, ganz vollendet: Die menschliche Freiheit ist immer eine mit den Mitmenschen geteilte Freiheit, eine Gesamtheit von Freiheiten. Nur in einer geordneten Harmonie der Freiheiten, die jedem seinen eigenen Bereich eröffnet, kann eine allgemeine Freiheit aufrechterhalten werden. Deshalb war das Geschenk des Gesetzes auf dem Sinai keine Einschränkung oder gar Aufhebung der Freiheit, sondern gerade die Grundlage der wahren Freiheit … So ist Israel erst durch den Bund mit Gott am Sinai im vollen Sinne ein Volk geworden. Die Begegnung mit Gott am Sinai könnte als Fundament und Garantie seiner Existenz als Volk angesehen werden. *(An Pfingsten in Rom, 15.5.2005)*

(WIR MÜSSEN) FESTSTELLEN, dass addierbarer Fortschritt nur im materiellen Bereich möglich ist. Hier, in der wachsenden Erkenntnis der Strukturen der Materie und entsprechend den immer weitergehenden Erfindungen gibt es klarerweise eine Kontinuität des Fortschritts zu immer größerer Beherrschung der Natur. Aber im Bereich des moralischen Bewusstseins und des moralischen Entscheidens gibt es keine gleichartige Addierbarkeit, aus dem einfachen Grund, weil die Freiheit des Menschen immer neu ist und ihre Entscheide immer neu fällen muss. Sie sind nie einfach für uns von anderen schon getan – dann wären wir ja nicht mehr frei. Freiheit bedingt, dass in den grundlegenden Entscheiden jeder Mensch, jede Generation ein neuer Anfang ist. *(Enzyklika Spe salvi, 30.11.2007)*

CHRISTUS, SEIN LEBEN, Leiden und Auferstehen war der wahre, große Sprung des Fortschritts für die Menschheit, für die Welt. Aber nun muss das All auf ihn hin wachsen. Wo die Gegenwart Christi zunimmt, da ist der wahre Fortschritt der Welt. Da wird der Mensch neu und so die Welt neu. *(Predigt in St. Paul vor den Mauern, 28.6.2009)*

AUCH DIE BESTEN STRUKTUREN funktionieren nur, wenn in einer Gemeinschaft Überzeugungen lebendig sind, die die Menschen zu einer freien Zustimmung zur gemeinschaftlichen Ordnung motivieren können. Freiheit braucht Überzeugung; Überzeugung ist nicht von selbst da, sondern muss immer wieder neu gemeinschaftlich errungen werden …

Weil der Mensch immer frei bleibt und weil seine Freiheit immer auch brüchig ist, wird es nie das endgültig eingerichtete Reich des Guten in dieser Welt geben ... Die Freiheit muss immer neu für das Gute gewonnen werden. Die freie Zustimmung zum Guten ist nie einfach von selber da. *(Enzyklika Spe salvi, 30.11.2007)*

Antwort auf den Aufruf des Seins

DAS MÜSSEN WIR ... LERNEN: Der Mensch, der sich vollkommen in die Hände Gottes übergibt, wird keine Marionette Gottes, keine langweilige, angepasste Person; er verliert seine Freiheit nicht. Nur der Mensch, der sich ganz Gott anvertraut, findet die wahre Freiheit, die große und schöpferische Weite der Freiheit des Guten. Der Mensch, der sich zu Gott hinwendet, wird nicht kleiner, sondern größer, denn durch Gott und zusammen mit ihm wird er groß, wird er göttlich, wird er wirklich er selbst. *(Im Petersdom, 8.12.2005)*

(DER WAHRE SINN der Freiheit besteht) nicht in der Trunkenheit einer totalen Autonomie, sondern in der Antwort auf den Aufruf des Seins, angefangen bei dem Sein, das wir selbst sind. *(Enzyklika Caritas in veritate, 29.6.2009)*

NICHT DIE WISSENSCHAFT erlöst den Menschen. Erlöst wird der Mensch durch die Liebe. *(Enzyklika Spe salvi, 30.11.2007)*

IN DER TAT haben die großen Fortschritte der Wissenschaft, die wir im vergangenen Jahrhundert erlebt haben, auch zum besseren Verständnis des Geheimnisses der Schöpfung verholfen, indem sie das Gewissen der Völker tief beeinflusst haben. Aber die Fortschritte der Wissenschaft entwickelten sich manchmal so rasch, dass es sehr kompliziert war zu erkennen, inwieweit sie mit den Wahrheiten zu vereinbaren sind, die Gott über den Menschen und die Welt offenbart hat. In einigen Fällen waren einige Aussagen der Wissenschaft diesen Wahrheiten geradezu entgegengesetzt. Das mag unter den Gläubigen eine gewisse Verwirrung gestiftet und auch zu Schwierigkeiten bei der Verkündigung und Aufnahme des Evangeliums geführt haben. Von entscheidender Bedeutung ist also jedes Forschen, das sich vornimmt, die Erkenntnis der von der Vernunft entdeckten Wahrheiten zu vertiefen, in der Gewissheit, dass es keinen Konkurrenzkampf zwischen Vernunft und Glaube gibt. Wir brauchen keine Angst zu haben, dieser Herausforderung zu begegnen. *(An die Glaubenskongregation, 10.2.2006)*

Eingetaucht werden in die Wahrheit

WAHRHEIT BEDEUTET MEHR ALS WISSEN: Kenntnis der Wahrheit führt uns zur Entdeckung des Guten. Die Wahrheit spricht zum einzelnen in seiner Gesamtheit und fordert uns auf, mit unserem ganzen Sein zu antworten. Diese optimistische Vision ist in unserem christlichen Glauben begründet, weil dieser Glaube mit der Vision des „Logos", Gottes schöpferischer Vernunft, ausgestattet ist, die sich in der Menschwerdung Gottes als die Güte selbst offenbart. Die liebende Wahrheit

des Evangeliums ist alles andere als eine bloße Mitteilung sachlicher Daten … sie ist vielmehr schöpferisch und das Leben verän-
dernd … *(In Washington D.C., 17.4.2008)*

DIE WAHRHEIT, die wie die Liebe ein Geschenk ist, ist, so lehrt der heilige Augusti-
nus, größer als wir. Auch die Wahrheit über
uns selbst, über unsere eigene Erkenntnis, ist
uns zuallererst „geschenkt". Denn in jedem
Erkenntnisvorgang wird die Wahrheit nicht
von uns erzeugt, sondern immer gefunden,
oder besser, empfangen. *(Enzyklika Caritas in veritate, 29.6.2009)*

(MAN KANN) erkennen, dass die gegenwärtige „Krise der Wahrheit" in einer „Krise des
Glaubens" wurzelt. Nur durch den Glauben
können wir dem Zeugnis Gottes frei zustim-
men und ihn als den transzendenten Garan-
ten der Wahrheit erkennen, die er offenbart.
(In Washington D.C., 17.4.2008)

JESUS CHRISTUS ist die Person gewordene
Wahrheit, die die Welt zu sich hinzieht. Das

von Jesus ausstrahlende Licht ist Glanz der Wahrheit. Jede andere Wahrheit ist ein Fragment der Wahrheit, die er ist, und weist auf ihn hin. Jesus ist der Polarstern der menschlichen Freiheit; ohne ihn verliert sie ihre Ausrichtung, denn ohne die Erkenntnis der Wahrheit entartet die Freiheit, sie isoliert sich und wird zu steriler Willkür. Mit Jesus findet sich die Freiheit wieder, sie erkennt, dass sie für das Gute gemacht ist … *(An die Glaubenskongregation, 10.2.2006)*

AM VORABEND meiner Priesterweihe vor 58 Jahren habe ich die Heilige Schrift aufgeschlagen, weil ich noch ein Wort des Herrn für diesen Tag und für meinen kommenden Weg als Priester empfangen wollte. Mein Blick fiel auf diese Stelle: „Heilige sie in der Wahrheit; dein Wort ist Wahrheit." Da wusste ich: Der Herr spricht von mir, und er spricht zu mir. Genau dies wird morgen an mir geschehen. Wir werden letztlich nicht durch Riten geweiht, auch wenn es des Ritus bedarf. Das Bad, in das uns der Herr eintaucht, ist er selbst – die Wahrheit in Person.

Priesterweihe heißt: Eingetauchtwerden in ihn, in die Wahrheit. Ich gehöre auf neue Weise ihm und so den anderen, „damit sein Reich komme". *(Predigt am Gründonnerstag, 9.4.2009)*

DIE MACHT DES BÖSEN ist die Lüge. Die Macht des Glaubens, die Macht Gottes ist die Wahrheit. Die Wahrheit über die Welt und über uns selbst wird sichtbar, wenn wir auf Gott hinschauen. Und Gott wird uns sichtbar im Antlitz Jesu Christi. Im Hinschauen auf Christus erkennen wir ein Weiteres: Wahrheit und Liebe sind untrennbar. In Gott ist beides unteilbar eins: Gerade dies ist das Wesen Gottes. Deshalb gehören für den Christen Wahrheit und Liebe zueinander. Die Liebe ist der Beweis für die Wahrheit. *(Predigt in St. Paul vor den Mauern, 28.6.2009)*

FÜR EINE ÖKOLOGIE DES MENSCHEN

Der Kosmos ist wie ein Buch

DAS CHRISTLICHE Denken vergleicht den Kosmos mit einem „Buch" – so sagte es auch Galileo – und betrachtet ihn dabei als das Werk eines Autors, der sich durch die „Symphonie" der Schöpfung kundtut. Innerhalb dieser Symphonie findet sich an einem gewissen Punkt das, was man in der Sprache der Musik ein „Solo" nennen würde, ein Thema, das einem einzelnen Instrument oder einer einzigen Stimme anvertraut ist. Und dieses Thema ist so wichtig, dass von ihm die Bedeutung des gesamten Werkes abhängt. Dieses „Solo" ist Jesus ... Der Menschensohn fasst in sich die Erde und den Himmel zusammen, die Schöpfung und den Schöpfer, das Fleisch und den Geist. Er ist der Mittelpunkt des Kosmos und der Geschichte, da sich in ihm der Autor und sein Werk vereinen, ohne sich zu vermischen. *(Predigt im Petersdom, 6.1.2009)*

DIE KIRCHE HAT eine Verantwortung für die Schöpfung und muss diese Verantwortung auch öffentlich geltend machen. Und wenn sie das tut, muss sie nicht nur die Erde, das Wasser und die Luft als Gaben der Schöpfung verteidigen, die allen gehören. Sie muss vor allem den Menschen gegen seine Selbstzerstörung schützen. Es muss so etwas wie eine richtig verstandene Ökologie des Menschen geben. *(Enzyklika Caritas in veritate, 29.6.2009)*

GOTT IST GANZ und gar nur Liebe, reinste, unendliche und ewige Liebe. Er lebt nicht in glanzvoller Einsamkeit, sondern ist vielmehr unerschöpflicher Quell des Lebens, das sich unaufhörlich hinschenkt und mitteilt. Wir können es in einem gewissen Maß erahnen, wenn wir sowohl den Makrokosmos – unsere Erde, die Planeten, die Sterne, die Galaxien – als auch den Mikrokosmos – die Zellen, die Atome, die Elementarteilchen – betrachten. In alles Seiende ist in gewissem Sinne der „Name" der Allerheiligsten Dreifaltigkeit eingeprägt, da das ganze Sein, bis hin zum letzten Partikel, ein In-Beziehung-Sein ist, und auf diese Weise scheint Gott durch, der Beziehung ist, es scheint letztlich die Schöpferliebe durch. Alles geht aus der Liebe hervor, strebt hin zur Liebe und bewegt sich gedrängt von der Liebe, natürlich in unterschiedlichen Stufen des Bewusstseins und der Freiheit. „Herr, unser Herrscher,/wie gewaltig ist dein Name auf der ganzen Erde!" (Ps 8,2) – ruft der Psalmist aus. Wenn die Bibel vom „Namen" spricht, verweist sie auf Gott selbst, auf seine wahrste Identität; eine Identität, die über der ganzen Schöpfung erstrahlt, wo jedes Wesen allein aufgrund der Tatsache, dass es ist, und aufgrund des „Gewebes", aus dem es gemacht ist, auf ein transzendentes Prinzip bezogen ist, auf das ewige und unendliche Leben, das sich hinschenkt, mit einem Wort: auf die Liebe. *(Angelus, 7.6.2009)*

UM DIE NATUR zu schützen, genügt es nicht, mit anspornenden oder einschränkenden Maßnahmen einzugreifen … das entscheidende Problem ist das moralische Verhalten der Gesellschaft. Wenn das Recht auf Leben und auf einen natürlichen Tod nicht respek-

tiert wird, wenn Empfängnis, Schwanger-
schaft und Geburt des Menschen auf künst-
lichem Weg erfolgen, wenn Embryonen für
die Forschung geopfert werden, verschwindet schließlich der Begriff Humanökologie
und mit ihm der Begriff der Umweltökologie
aus dem allgemeinen Bewusstsein. Es ist ein
Widerspruch, von den neuen Generationen
die Achtung der natürlichen Umwelt zu ver-
langen, wenn Erziehung und Gesetze ihnen
nicht helfen, sich selbst zu achten. Das Buch
der Natur ist eines und unteilbar ... Unsere
Pflichten gegenüber der Umwelt verbinden
sich mit den Pflichten, die wir gegenüber
dem Menschen an sich und in Beziehung zu
den anderen haben. Man kann nicht die einen Pflichten fordern und die anderen unter-
drücken. *(Enzyklika Caritas in veritate, 29.6.2009)*

Rechte, Pflichten, Werte

ES GIBT nur einen Weg, ... Werte zu schützen
und zu fördern: indem man sie praktiziert!
Indem man sie lebt! *(In Jerusalem, 11.5.2009)*

DIE MENSCHENRECHTE ... haben ihre Grundlage im Naturrecht, das in das Herz des Menschen eingeschrieben und in den verschiedenen Kulturen und Zivilisationen gegenwärtig ist. Die Menschenrechte aus diesem Kontext herauszulösen, würde bedeuten, ihre Reichweite zu begrenzen und einer relativistischen Auffassung nachzugeben, für welche die Bedeutung und Interpretation dieser Rechte variieren könnten und der zufolge ihre Universalität im Namen kultureller, politischer, sozialer und sogar religiöser Vorstellungen verneint werden könnte. Die große Vielfalt der Sichtweisen kann kein Grund sein, um zu vergessen, dass nicht nur die Rechte universal sind, sondern auch die menschliche Person, die das Subjekt dieser Rechte ist. *(Vor der UNO, 18.4.2008)*

WIR ERLEBEN HEUTZUTAGE einen bedrückenden Widerspruch. Während man einerseits mutmaßliche Rechte willkürlicher und genießerischer Art unter dem Vorwand beansprucht, sie würden von den staatlichen Strukturen anerkannt und gefördert, werden andererseits einem großen Teil der Menschheit elementare Grundrechte aberkannt und verletzt. Häufig festzustellen ist ein Zusammenhang zwischen der Beanspruchung des Rechts auf Überfluss oder geradezu auf Rechtswidrigkeit und Laster in den Wohlstandgesellschaften und dem Mangel an Nahrung, Trinkwasser, Schulbildung oder medizinischer Grundversorgung in manchen unterentwickelten Weltregionen wie auch am Rande von großen Metropolen. Der Zusammenhang beruht darauf, dass die Individualrechte, wenn sie von einem sinngebenden Rahmen von Pflichten losgelöst sind, verrückt werden und eine praktisch grenzenlose und alle Kriterien entbehrende Spirale von Ansprüchen auslösen. Die Übertreibung der Rechte mündet in die Unterlassung der Pflichten. *(Enzyklika Caritas in veritate, 29.6.2009)*

HEUTE IST HÄUFIG die Rede vom europäischen Lebensmodell. Damit ist eine Gesellschaftsordnung gemeint, die wirtschaftliche Effizienz mit sozialer Gerechtigkeit, politische Pluralität mit Toleranz, Liberalität und Offenheit verbindet, aber auch das Festhalten an Werten bedeutet, die diesem Kontinent seine besondere Stellung geben … Freilich – wir wissen es – hat Europa auch schreckliche Irrwege erlebt und erlitten. Dazu gehören: ideologische Engführungen von Philosophie, Wissenschaft und auch Glaube, der Missbrauch von Religion und Vernunft zu imperialistischen Zielen, die Entwürdigung des Menschen durch einen theoretischen oder praktischen Materialismus und schließlich die Degeneration von Toleranz zu einer Gleichgültigkeit ohne Bezug zu bleibenden Werten. Zu den Eigenschaften Europas gehört aber die Fähigkeit zur Selbstkritik, die es im weiten Fächer der Weltkulturen besonders auszeichnet. *(In der Wiener Hofburg, 7.9.2007)*

Zu Menschen des Friedens werden

WIR VERSCHLIESSEN STÄNDIG unsere Türen; wir sind unentwegt darauf bedacht, uns in Sicherheit zu bringen, und wollen weder von den anderen noch von Gott gestört werden.

Deshalb können wir den Herrn immer wieder nur darum bitten, er möge unsere Verschlossenheit aufbrechen und zu uns kommen und uns seinen Gruß bringen. „Friede sei mit euch!": Dieser Gruß des Herrn ist eine Brücke, die er zwischen Himmel und Erde schlägt. Auf dieser Brücke steigt er zu uns herab, und wir können auf dieser Brücke des Friedens zu ihm emporsteigen. Auf dieser Brücke sollen wir, immer zusammen mit ihm, auch den Nächsten, der uns braucht, erreichen. *(An Pfingsten im Petersdom, 15.5.2005)*

UM WERKE des Friedens zu tun, muss man ein Mensch des Friedens sein … Wenn es jedem in seinem Umfeld gelänge, in Absichten, Worten und Handlungen die Lüge und die Gewalt zurückzuweisen und sorgsam Gefühle der Achtung, des Verständnisses und der Wertschätzung gegenüber den anderen zu hegen, so würden vielleicht nicht alle Probleme des täglichen Lebens zu einer Lösung kommen, aber man könnte ihnen gelassener und wirkungsvoller entgegentreten. *(Angelus, 20.9.2009)*